醒目仔学习

——醒目教育理论探索与区域幼儿园醒目课程构建

裴光华 著

SPM 南方传媒

全国优秀出版社
全国百佳图书出版单位

广东教育出版社

·广 州·

图书在版编目（CIP）数据

醒目仔学习：醒目教育理论探索与区域幼儿园醒目
课程构建/裴光华著 . — 广州：广东教育出版社，2023. 1
ISBN 978-7-5548-5149-4

Ⅰ. ①醒… Ⅱ. ①裴… Ⅲ. ①幼儿教育—研究 Ⅳ.
①G61

中国版本图书馆CIP数据核字（2022）第193194号

醒目仔学习——醒目教育理论探索与区域幼儿园醒目课程构建
XINGMUZAI XUEXI——XINGMU JIAOYU LILUN TANSUO YU QUYU
YOUERYUAN XINGMU KECHENG GOUJIAN

出 版 人：朱文清
责任编辑：孙玉扉
责任技编：许伟斌
装帧设计：罗 隽
责任校对：陈妙仪
出　　版：广东教育出版社
　　　　　（广州市环市东路472号12-15楼　邮政编码：510075）
销售热线：020-87772438
网　　址：http://www.gjs.cn
E-mail：gjs-quality@nfcb.com.cn
发　行：广东新华发行集团股份有限公司
印　　刷：广州小明数码快印有限公司
　　　　　（广州市天河区高普路83号B栋C5号）
规　格：787mm×1092mm　1/16
印　张：10.375
字　数：150千
版　次：2023年1月第1版
印　次：2023年1月第1次
定　价：65.00元

推进高质量学前教育发展的"醒目"探索

2013 年，广州市荔湾区成为中国教育科学研究院的教育综合改革实验区，我当时所在的研究所承担对荔湾实验区的对口指导工作。也正是在那个时候，我结识了在荔湾区教育发展研究院工作的裴光华老师。那时候，她已经是一位有着十几年教研工作经历、经验丰富的优秀区级专职学前教研员了。在随后近 10 年的院区合作过程中，我和裴老师又在具体项目的指导中有经常性的交流、研讨与合作，常常能够感受到裴老师对幼儿的真挚热爱、对工作的热情投入、对教育的独到见解。

"醒目"是我从裴老师的研究中习得并理解其意思的粤语词汇，我对这一词语所表达的教育意蕴与幼儿园教育所追求的培养目标所具有的内在一致性深有同感。实际上，裴老师及所在的荔湾学前教研团队一直致力于将"醒目教育"打造为荔湾区学前教育的区域品牌。他们在 2017 年出版了《醒目仔 识广府事》一书，就是在"醒目教育"理念下开发的区域课程资源。如今，在原有课程资源基础上进一步理论深化和实践探索而成的《醒目仔学习：醒目教育理论探索与区域幼儿园醒目课程构建》一书即将付梓，让我更为清晰地感受到裴老师对"醒目教育"的深厚感情和深刻理解。也许正如书中所言，这是因为"醒目教育"是根植于中国文化构建的本土教育概念，它接地气、聚灵气、更能引起粤语地区教育者和家长的共鸣，更能有效地指导学前教育实践。

习近平总书记在党的二十大报告中指出：我国"已经建成世界上规模最大的教育体系"，基本实现了"幼有所育"。从现在开始，"高质量发展是全面建设社会主义现代化国家的首要任务"。很显然，未来我国学前教育要坚持以推动高质量发展为主题。各地在促进学前教育高质量发展的过程中，如何切实提高幼儿园保育教育质量至关重要。从国家层面而言，《幼儿园教育指导纲要

（试行）》《幼儿园工作规程》《3-6 岁儿童学习与发展指南》《幼儿园保育教育质量评估指南》等文件的出台已经在政策上为高质量的幼儿园保育教育活动的开展提供了基本方向和指明了实施路径。要找到学前教育高质量发展的"中国道路"和建构学前教育高质量发展的"中国模式"，贡献学前教育高质量发展的"中国案例"，关键在于各地如何将这些国家文件中的基本原则与当地的社会文化、幼儿园的实际状况进行创造性地有机结合，并付诸于保育教育活动实践，才能真正将相关文件精神贯彻落实，以实现高质量的幼儿园教育。

"醒目教育"的提出让我看到了这种区域探索的可能性以及成效。裴老师及其团队立足于荔湾区所处的广府文化，基于荔湾区学前教育发展的现状，经过多年的研究提出了"醒目教育"理念，形成了区域层面的"醒目课程"，编制了保教活动评价工具，构建了较为完整的区域学前教育体系。特别令人印象深刻的是，书中还专辟一章介绍了"醒目教育"劳动课程，突出了对幼儿园劳动教育的重视，回应了国家劳动教育的相关政策。

本书可以看作是裴光华老师几十年从事学前教育工作的"集大成之作"。我不但从书中的具体内容学习到很多，更从本书的写作过程体味到一位执迷于教育研究的优秀区县教研员那种深厚的专业情怀和扎实的专业修养。祝福裴老师越来越好，也祝愿"醒目教育"越来越"醒目"！

中国教育科学研究院　易凌云

2022 年 10 月

前言

"醒目教育"伴我成长

我是一名普通的幼儿园教师、园长和教研员,在37年的学前教育经历中,恪尽职守,勤奋工作,不断进行关于教学有效性的研究,积累感悟并终有所收获,提出了自己的学前"醒目教育"理论。

"醒目教育"理论于长期的教育实践中诞生。它的名字源于粤语"醒目",是一个对孩子最为常用的夸奖词,很接地气、很本土,但内涵丰富,有品位、有"嚼劲"。

"醒目教育"理论的构成还需要进一步斟酌和研究,在学术价值上也还有待全面提升,甚至还要多次打磨。正因为有自知之明,深感其不成熟,所以我一直藏着掖着,自己不停地琢磨着,不敢拿出来见人,生怕众人笑话。

2019年暑假,我无意间读了刘小红博士的《中国百年幼儿园课程的价值审思:基于课程文本的分析》,书中的一段话提醒了我。刘小红博士认为,解决价值依附的途径在于构建中国本土幼儿教育理论,条件之一便是实现学前教育研究者两种意识的觉醒。

对于研究者来讲,是否拥有两种很重要的意识是其能否进行创造性研究的前提,即文化主体意识和学术独立意识。

文化主体意识关系到在全球化环境中,面对强势文明能否清醒认识不同文化间质的差异,能否坚守本民族文化的根,即能否保存自己的文化主体性。具有文化主体意识的学者在多元文化交融的价值冲突中能从"文化位移"走向"文化自觉",破除当前学前教育界高度西化的学术思维和移植性格,立于中国本土文化的根基和社会现实,用全球化的开放眼光反思"本""他",形成新的文化图示——本土建构的前提。

学术独立意识是针对学术思想附庸政治话语而言,教育研究者应该持有作为学者和文人的独立品格与自我追求,持存自己的文化品性和学术眼光，消除"政治喉舌""学而优则仕""官学两栖"的观念和心态，形成"为学术而学术"的教育研究"学统"，秉持"贵创"的精神，致力把生命奉献于中国原创性学前教育理论的探寻和构建。

刘小红博士的这段话，我也有同感，为中国"学前教育界高度西化的学术思维和移植性格"而感叹。在从业的37年里，我在学前教育理论中一直寻觅，直到遇见"醒目"，才被它的魅力吸引，有了"众里寻他千百度，蓦然回首，那人却在灯火阑珊处"的真实感慨。这让我一下子鼓起了勇气，利用退休后的两个月时间，写下过往研究所得《醒目仔学习——醒目教育理论构建与区域幼儿园醒目课程构建》一书，分享自己关于学前教育的思想和观点，希望对学前教育工作者和家长能有所启发，有所帮助；对儿童幸福成长，享受童年快乐和获得终身受益的经验亦大有佑助。

今天，我提出学前"醒目教育"理念，是基于两方面思考：一是"醒目教育"研究无论在理论层面还是实践层面，都具有十分重大的研究价值。它源于本土，能够解决本土学前教育实践问题，能够因地制宜地探索新时代学前教育，是在"自己的地基上盖起自己的房子"，是接地气、有灵气的本土原创学前教育理论。二是我希望能有与我一样"坚守本民族文化的根，即能够保存自己的文化主体性"的学者，共同"把生命奉献于中国原创性学前教育理论的探寻和构建"，使"醒目教育"理论及实践日臻完善，以尽快构建出具有中国核心价值观的中国文化特色、中国风格的学前教育理论及实践的课程范式。

目前已过"知天命"之年的我，刚从教研员岗位退休，然而我研究的课题——《醒目教育区域课程的理论与实践》，获得了广州市教学成果培育奖，并被给予了奖励和研究经费，这使我又产生一种使命感，想为我所钟爱的学前教育写出自己学前教育生涯中的感悟——"醒目教育"理论。虽然我顾虑重重，但也义无反顾。"苔花如米小，也学牡丹开"，我以"心收静里寻真乐，放眼长空得大观"的无畏精神，把自己在学前教育大海里淘得的收获，抛砖引玉，与大家共享，也期待有同仁将其发扬光大。

最后，对多年来关心和支持我课题研究工作的领导、老师表示由衷的感谢！鉴于本人水平有限，对于学前教育问题的认识可能有失偏颇，书中肯定存在许多不足，恳请读者和专家批评指正。

裴光华

第一章　结缘"醒目"/001

　　第一节　"醒目"源于夸奖语/002

　　第二节　"醒目仔"的行为表现/003

　　第三节　"醒目"彰显的教育信息和意义/007

　　第四节　"醒目"与幼儿园的培养目标/010

第二章　启航"醒目"/013

　　第一节　为何启航——形成动因/014

　　第二节　如何启航——寻找方针/016

　　第三节　怎样启航——探寻策略/020

第三章　"醒目教育"理论概述/021

　　第一节　"醒目"内涵/022

　　第二节　"醒目教育"的理论来源 /024

第三节　"醒目教育"的理念/026

第四节　探索"醒目教育"意义/034

第五节　"醒目"儿童发展核心经验评价/038

第四章　探索"醒目"课程/043

第一节　编制教材与课程的过往经验/044

第二节　"醒目"课程四次实验/045

第三节　区域"醒目"课程的探索历程/049

第五章　"醒目教育"课程构建/061

第一节　区域"醒目"课程组织及编制/062

第二节　区域"醒目"课程编制的核心理念/068

第三节　"醒目教育"课程构建/072

第四节　区域"醒目"课程目标/077

第五节　区域"醒目"课程内容/079

第六节　区域"醒目"课程组织与实施的教学原则/082

第七节　区域"醒目"课程教学操作步骤/086

第六章　"醒目教育"区域课程 /89

第一节　人文课程——醒目仔　识广府事 /090

第二节　"醒目"大操节 /110

第三节　区域活动设计与指导 /113

第七章　"醒目教育"劳动课程 /145

第一节　"醒目教育"劳动课程概述 /146

第二节　"醒目教育"劳动课程内容 /149

第三节　"醒目教育"劳动课程实施 /151

参考文献 /154

第一章

结缘"醒目"

1995年，我正式来到广州从事学前教育工作。在这里，我与粤语结缘，与"醒目"一词结缘。从此，它们就成了我工作和生活的一部分。

广府人对"醒目仔""醒目女"的期盼，从教育意义出发既符合幼儿园教育的目标，也为本土化学前教育课程的发展提供了一个新的方向。

第一节 "醒目"源于夸奖语

一、结缘粤语

1994年7月，因为我的先生当时是现役军人，我被安排随军工作调动，我们结束了两地分居的生活。我的户口也从福建省福州市迁入到当时先生部队的所在地——广州市原芳村区（因区域合并，现已并入荔湾区）。工作调动期间，我因已接受安排，需承担一次全福州市的教学公开课，拖至1995年1月才正式调入广州市，到教育局报到。组织将我分配到了原芳村区教工幼儿园，从此，我就与粤语结上缘分，粤语也成为我生活、工作中的又一种语言。

二、"醒目"让我收获童心

1995年2月，我正式到广州市原芳村区教工幼儿园工作。我发现这里的校园语言环境与福州的不一样，福州各级学校的校园语言是普通话，而这里正好相反，粤语是校园的主要语言，读课本、上课教学、开会……用到普通话的机会少之又少。我当时既听不懂粤语，更不可能会讲粤语，就连黄惠慈园长也为我担忧，心里捏着一把汗，不知如何安排我的工作，园长对我说："你连粤语都不会，还怎么能当老师。"我也犯难，心里想着一边好好工作一边努力学吧。接下来的工作中，我经常发现一个现象：我的同事会在某些情境里夸奖小朋友"醒目"（粤语读音，以下同），被夸奖"醒目"的孩子就如同吃了蜜糖，心里甜滋滋，脸上乐开花。这种现象有别于我国大多数地区，只会单一地对孩子用"乖"来夸奖。广州人对孩子们顺从、听话的行为，也有用"乖"来表扬；而被夸赞"醒目"的孩子，一般情况都是在一个具体的情境中有积极出色的表现。所以被夸赞的孩子清楚知道自己什么地方做对了、做好了、做出彩了，帮助到人了，老师才表扬自己"醒目"。

我也有样学样，活学活用，试着用"醒目"来表扬小朋友。果然，孩子跟我这个只会说一个词，甚至还带着普通话的口音调调，发音生硬，却能大胆说出"醒目"的外地调过来的新老师一下子亲近了。虽然孩子们讲的粤语我听不懂，我讲的普通话孩子们也听不懂，但我们会靠肢体语言、表情语言来沟通。言语不通一点也不妨碍我们的沟通和情感的不断加深，很快我们的师生关系就变得非常融洽，孩子们都喜欢黏我。当然，我讲的粤语时不时会闹些笑话，因为我并不明确粤语"醒目"一词在什么情境下才能使用，我只看到孩子被夸"醒目"时高兴神气的样子，还有跟我一下子亲近了的热乎劲，都让我感受到了"醒目"在孩子心中的魔力。

时时耳闻夸赞儿童的"醒目"一词，使我情不自禁地大胆讲出人生所学的第一个粤语词语，学用"醒目"不但让我快速与孩子们融洽相处，还让我收获了纯真可爱的童心。

三、"醒目"充满神奇的魔力

广州本地孩子真的很可爱。我刚开始尝试使用"醒目"一词时，不时因用词不当、发音不准闹出笑话。他们虽然会哄堂大笑，但本质上都不含一丝丝嘲笑之意，而是很热心地纠正且教我准确发音，还告诉我什么情境下可以用"醒目"夸奖人，什么情境下不可以用这个词，让我逐步理解粤语"醒目"的意思。

粤语也对我产生了神奇的魔力。孩子们对发音的包容，感情上亲近地鼓励，还有不厌其烦地一遍又一遍教我学粤语，才使我很快就能听懂并会讲日常粤语，一年后我就能自如地用粤语与人聊天了，这都要归功于粤语本身的魅力和孩子们对我的帮助。

第二节 "醒目仔"的行为表现

一、"醒目仔"小故事

通过细心观察可以发现，孩子会在某些情境下被夸奖"醒目"。下面列举几个例子。

（一）李心怡小朋友与《三只小猪》

有一天，林老师正在教室布置环境，她画了几只小猪，模样都不理想，正在犯愁呢。李心怡小朋友看见了，跑到放书包的柜子处，从自己书包里取出《三只小猪》的绘本，跑过来对老师说："林老师，这是我的《三只小猪》，里面的三只小猪，每一只的模样都很可爱，给您看看。"林老师一看，高兴地说了声："真的，你真是'醒目'。"

李心怡小朋友急人所急，待人友善，乐于助人，思维灵活，善于联想，因此被林老师夸奖"醒目"。

（裴光华　提供）

（二）"小警察"心心

又到角色扮演游戏时间，心心却一直愁眉苦脸，坐在椅子上发呆。于是老师问道："心心怎么了？"心心说："我今天是'警察'，但一直没有人来寻求帮助。"老师说："你可以主动地去帮助别人啊！"

话刚说完，一个小女孩哭着走了过来，心心看到之后立马问："妹妹，你怎么哭了？"小女孩边哭边说："我找不到带我一起玩的乐乐。"心心俯下身子安慰她说："没关系，我来帮助你，我们一起去找乐乐吧，不要再哭了。"小女孩点了点头，渐渐地停止了哭泣。

心心带着小女孩一直找，但都没有找到乐乐。这时，心心有点着急了，她又问："你们刚刚是在哪儿走散的？"小女孩说："我们刚刚在甜品店里吃东西。"心心恍然大悟："那我们回甜品店里找找吧。"说着便牵着小女孩走向"开记甜品"，终于在甜品店里找到了乐乐。

心心再没有愁眉苦脸了，她的脸上一直挂着喜悦的笑容。

心心在扮演角色的过程中，把自己的情感融入到情境中，引发情感共鸣，形成良好的亲社会行为，她能承担起"小警察"的职责，在了解小女孩哭泣的原因后，及时给予了安慰，并主动提出帮助，达到了能做到同情、友善、帮助等亲社会行为的教育目标，可谓是一个"醒目"的孩子。

（一商幼儿园苏晓丹　提供）

（三）彤彤的创意绘画

孩子们最喜欢的自主游戏开始了，彤彤又来到涂鸦墙画画了，她拿起水粉画笔，点了点颜料，走到墙前开始画画。可她画了一会儿，就站着不动了。

过了好一会儿，教师走上前去，问："形形，你怎么不继续画画呢？"形形皱了皱眉头说："我的绿色的颜料要用完了，不知道应该怎么办啊！"教师一看，果然绿色的颜料马上就要用完了，但是形形的小草还没画完。

形形问："老师，我能不能把颜料混在一起？"教师问："为什么你想要混颜料？"她说："因为我知道蓝色加上黄色会变成绿色。"

听完形形的话，教师说："好吧，我给你准备一个小碟子还有新的画笔，你把需要混在一起的颜料弄到小碟子里，看看能不能出现你想要的绿色。"形形充满信心地说："一定可以的！"

于是，形形开始倒弄颜料。她首先从蓝色的颜料罐里倒出来一点颜料，然后再加上一点黄色的颜料，终于得到了绿色，形形十分快乐，她笑着说："老师，我成功啦！"然后又继续投入到她的创作中。

形形的学习热情是很高的，兴趣是学习最好的老师，这样的主动学习与主动交往行为在无形中也给游戏的成功打开了良好的局面。孩子们在主动参与的过程中，会有无限的创意和惊喜产生。在游戏中，形形思维十分灵活，能够自己开动脑筋去思考解决问题的方法，并且付诸行动，动手能力强，手脑合用，是老师眼里的"醒目"孩子。

（一商幼儿园苏晓丹　提供）

（四）有梦想的嘉嘉

一天上午，嘉嘉走到我身边，郑重又认真地轻声说："老师，我从小到大的梦想，就是当一名主持人！"

我吃惊极了，虽然嘉嘉今年只有3岁，但嘉嘉的语言表达能力一直非常出色，当其他孩子还在使用主谓、主谓宾短句时，她已经能在句子中使用一些形容词了，而且咬字都比同龄人清晰。但是"从小到大"和"梦想"这两个抽象的词语，我还是第一次听她说起。

"从小到大？嘉嘉，什么是梦想啊？"

"梦想，就是很想要很想要做的事情啊！"

她真的懂！我有些震撼，为嘉嘉今天的话语，为她的小秘密，为她的梦想，为她的一个词"从小到大"，为她小小年纪就这么"醒目"，有自我规划的发展意识，点赞！

（协和幼儿园马倩茹　供稿）

（五）不怕困难的明明

在进行区域游戏时，明明和浩浩在建构区玩积木，他们想将桌子搬到区域中，将材料放在桌面上玩。在征得老师同意后，两人就开始搬桌子，可是区域的门太小，两人打横着抬，根本进不去，试了几次后，明明机灵地叫浩浩一起改变抬的方式，改为竖着抬，两人相向再抬，还是差一点点。在尝试的过程中，又来了几个小朋友，他们七嘴八舌地出主意，次次都不行，还差点把区域的门给搞坏了。

这时明明又想出办法了，他让四个小朋友一起举高桌子，将桌子跨过本来就只有60厘米的门，虽然有点危险，但终于把桌子抬进去了，孩子们喜悦的心情不言而喻。

在这次解决具体的问题中，明明展示出灵活的思维，他按照习惯性的思维模式尝试了几次，发现行不通后，不轻言放弃，而是继续开动脑筋，想出新方法并大胆尝试，并在尝试中终于将问题解决。

明明实际上打破了习惯性的思维模式，还能够坚持多想办法，多尝试，显示出他的头脑聪明、灵活和不怕困难，行动力强，坚持不懈的精神，真是一个"醒目"的孩子！

（裴光华　供稿）

二、"醒目仔"行为表现和特点

从"醒目仔"小故事中我们可以看出，"醒目"的孩子都是在一个个具体的情境中，脑筋转得快、机灵的孩子，具体表现可以涉及德、智、体、美、劳多个方面，基本上任何一个方面有出彩的地方，都可以认为是"醒目"。概括起来一是对环境警觉，反应快，能最快发现问题者；二是最快想出解决问题的好方法者；三是想出办法还善于快速动手解决问题者。总之，在一群人所处的一个问题情境中表现出彩，能帮到大家的人，就能够被人称为"醒目"。"醒目"的小朋友具有以下行为表现和特点：

1. 急人所急，待人友善，乐于助人。（品德）

2. 思维灵活，善于联想，才思敏捷。（智力）

3. 在情境中表现出众，行动力强，对自身所处的环境有一种天然的觉察和觉醒力，能清晰判断所处环境的状况，并能够快速做出自然而灵活的反应，付诸行动。（体察力、智力、行动力）

4. 五感敏锐，思维敏捷，具体表现为反应快，讲话语速快，手脚动作快，耳听八方，脑筋转得快，即为：眼快、口快、手脚快、耳快、心快。（体察力、智力、行动力）

5. 在人群中表现友善，能在交往中做出适宜的反应，如对人尊重、包容、友爱、助人、忍让。（品德）

6. 胆子大，好奇心强，敢于冒险。（智力、品德、行动力）

7. 做事积极，主动性强，乐于探究，善于沟通合作。（自主管理、好学乐群、学习品质好、智力）

8. 环境适应力强，能够在复杂多变的环境中灵活地利用资源，自己动手解决问题，生存能力强。（社会适应性、智力、生活能力）

9. 待人有礼貌，会孝敬长辈。（品德）

10. 善于发现并解决问题。（智力）

第三节 "醒目"彰显的教育信息和意义

广府民系的孩子们，在成长的过程中，时不时被长辈夸奖一句"醒目"，他们会很开心、很受鼓励，"醒目"成了广府人民对孩子优秀行为表现的正向肯定，是最为常用的表扬性语言。这激励孩子们向着"醒目"孩子的言行举止去努力，"醒目"一词也指引着孩子分辨是非，明辨事理，健康成长。因此，"醒目"一词彰显了重要的教育信息和深刻意义。

一、"醒目"彰显重要的教育信息

"醒目仔"在社会道德、社会公德和个性品质等方面的出色表现，与国家课程标准《幼儿园教育指导纲要（试行）》（简称《纲要》）、《3~6岁儿童学习与发展指南》（简称《指南》）的要求是否相一致？

表1-1　"醒目"儿童特征与《纲要》《指南》要求对比

序号	"醒目"表现	与《纲要》《指南》要求是否一致	备注
1	乐于助人、待人友善	√	品德
2	物尽其用、环保	√	品德
3	善于沟通、团结合作	√	品德
4	关爱、友好、善良、分享	√	品德
5	谦让、礼让	√	品德
6	勇敢	√	品德
7	诚实、守信	√	品德
8	勤奋、勤劳、爱干净	√	品德
9	机智聪明、想办法解决问题	√	智力
10	做事专注、踏实	√	品质
11	好学、好奇心强	√	品质
12	独立自主、自己能做的事自己做	√	品德
13	尊敬长辈、包容不同	√	品德
14	有好的行为习惯、懂礼貌	√	品德
15	遵守公共秩序、纪律、规则	√	品德
16	自信	√	品质
17	细心、善于观察、发现问题	√	智力
18	坚持、持之以恒	√	品质
19	奉献、服务	√	品德
20	行动敏捷	√	品德
21	知错就改	√	品德
22	不贪心	√	品德
23	有理想抱负、志向远大	√	品德

　　表现"醒目"是广府民系的群众对孩子成长的一种最大祈盼，每一位父母都希望自己的孩子是"醒目仔"。从被夸奖的"醒目仔"的具体表现和行为特征来看，"醒目仔"不但智商高，聪明机灵、积极主动、乐于探索，而且情商

高，善于沟通合作、乐于助人、做事有规矩、孝敬长辈、包容友爱等等；"醒目仔"在社会道德、社会公德和个性品质等方面被公认的出色的表现与《纲要》《指南》的要求对照比较，也完全相一致。

二、"醒目"在家长心目中的地位

曾经有一位与我相熟的在广州制药厂工作的街坊，儿子快三岁了，她一直纠结是让儿子去她工作所在的工厂附近的幼儿园上学，方便照顾，还是去我所在的幼儿园上学，让小朋友有更好的发展。

这位街坊家长让我拿主意，询问我工作的幼儿园怎么样。我说"很好啊，我工作的幼儿园是广州市示范性幼儿园，而且公办幼儿园都严格遵守国家政策法规，老师都是教育专业出身，管理很严格，教育质量很高。"

我反问她："你想象中幼儿园是什么样的？"家长的回答非常有趣，也透露出很质朴的期望。家长用粤语说："也没什么特别高的要求，醒目就行了，小朋友整天开开心心，玩得、吃得、睡得、拉得，没病没痛；知道尊敬人，对老师好对同学好，帮得到人，被大家喜欢；讲嘢叻（能说会道）、喜欢读书、识得（懂得）想事、做事勤力（勤快），还要坚持做好、自己搞掂（照顾好）自己、不用大人操心；知道讲道理，听话、生性（懂事）、不讲大话、知错能改。"最后，家长还很搞笑地加了一句总结句："总之，大个仔有本事养活一家大小就可以了。"

我听到最后一句，捧腹大笑，才多大的孩子，刚想着办理入园读书，家长就想到他长大要结婚、生子、养家了。她见我大笑，又郑重其事地补充道："是啊，有不少的孩子去学校读书，读书是犀利（厉害），但什么事都不会做，件件要阿妈操心，大个仔都不会拍拖（谈恋爱）、结婚，揾工（找工作）做事，你说还不是读傻了。"

最后补充的这一句，让我对教育有了反思，现在不少家长以应试高分为育人唯一目标，完全不顾学生是否乐学好学，方法单一，只靠"死记硬背"，手段就是"不断施压"，片面认为"压力即动力"，将孩子当成考试机器。这位家长的话不无道理，在她心目中，教育是为了让学生更"醒目"，而不是只有考分高。"醒目"包含太丰富的含义了，不但要让人聪明、发展智力，还要培养情商、行动力。让人健康生活，敬畏生命，这也是教育之根本，看来广府民众心目中满意的教育，就是培养"醒目仔"。

第四节 "醒目"与幼儿园的培养目标

结缘了粤语"醒目"一词，知道被夸奖为"醒目"的孩子的具体表现，让从事学前教育工作的我，对"醒目"又平增了许多教育意义上的思考，那么"醒目"表现是否与幼儿园的培养目标一致？

一、幼儿园保育和教育的主要目标

幼儿园教育作为整个教育体系的基础，是对儿童进行预备教育（性格完整健康、行为习惯良好、有初步的自然与社会常识）。其教育课程没有明显的区分，大概由语言、科学、艺术、健康和社会五个领域以及各种活动构成。各个领域相互融合，决定教学内容。

幼儿园保育和教育的目标是幼儿园工作的出发点和归属，有以下四个方面：

1. 促进幼儿身体正常发育和机能的协调发展，增强体质，促进心理健康，培养良好的生活习惯、卫生习惯和参加体育活动的兴趣。

2. 发展幼儿智力，培养正确运用感官和运用语言交往的基本能力，增进对环境的认识，培养有益的兴趣和求知欲望，培养初步的动手探究能力。

3. 萌发幼儿爱祖国、爱家乡、爱集体、爱劳动、爱科学的情感，培养诚实、自信、友爱、勇敢、勤学、好问、爱护公物、克服困难、讲礼貌、守纪律等良好的品德行为和习惯，以及活泼开朗的性格。

4. 培养幼儿初步感受美和表现美的情趣和能力。

二、"醒目"与幼儿园培养目标

《幼儿园工作规程》（2016）（简称《规程》）是国家层面的界定及基本功能的指引，粤语地区除了执行国家文件规定之外，有无独特的地方呢？我开始思考培养目标是否可以分成国家要求和家长要求？国家要求和家长要求是否一致？

三、国家课程标准中的培养目标与"醒目"孩子的表现

（一）与《规程》对比

表1-2　《规程》与"醒目"孩子的表现的对比

维度	《规程》	3~6岁"醒目"孩子的表现
德	萌发幼儿爱祖国、爱家乡、爱集体、爱劳动、爱科学的情感，培养诚实、自信、友爱、勇敢、勤学、好问、爱护公物、克服困难、讲礼貌、守纪律等良好的品德行为和习惯，以及活泼开朗的性格。	"醒目"孩子情感丰富，有情有义、爱家人、与人为善、乐于助人、有礼貌、守规矩、活泼开朗。
智	发展幼儿智力，培养正确运用感官和运用语言交往的基本能力，增进对环境的认识，培养有益的兴趣和求知欲望，培养初步的动手探究能力。	"醒目"孩子聪明、机灵、头脑灵光，反应快，积极主动，好奇心强，敢于探索新事物，善于沟通合作，动手能力强。
体	促进幼儿身体正常发育和机能的协调发展，增强体质，促进心理健康，培养良好的生活习惯、卫生习惯和参加体育活动的兴趣。	"醒目"孩子健康，健康是"醒目"的基础，动作协调、机灵、五感敏锐，有良好卫生习惯和热爱体育活动。
美	培养幼儿初步感受美和表现美的情趣和能力。	"醒目"孩子五感敏锐，醒目、醒耳、醒口、醒鼻、醒身，有较好的感觉，更有利于培养感受美和表现美的情趣和能力。

（二）与《纲要》五大领域对比

表1-3　《纲要》与"醒目"孩子的表现的对比

领域	《纲要》	3-6岁"醒目"孩子的表现
健康	1. 身体健康，在集体生活中情绪安定、愉快； 2. 生活、卫生习惯良好，有基本的生活自理能力； 3. 知道必要的安全保健常识，学习保护自己； 4. 喜欢参加体育活动，动作协调、灵活。	"醒目"孩子健康，健康是"醒目"的基础，动作协调、机灵、五感敏锐，有良好卫生习惯和热爱体育活动。

（续表）

领域	《纲要》	3~6岁"醒目"孩子的表现
语言	1. 乐意与人交谈，讲话礼貌； 2. 注意倾听对方讲话，能理解日常用语； 3. 能清楚地说出自己想说的事； 4. 喜欢听故事、看图书； 5. 能听懂和会说普通话。	"醒目"孩子乐于与人沟通，善于表达想法，好学、乐学。
社会	1. 能主动地参与各项活动，有自信心； 2. 乐意与人交往，学习互助、合作和分享，有同情心； 3. 理解并遵守日常生活中基本的社会行为规则； 4. 能努力做好力所能及的事，不怕困难，有初步的责任感； 5. 爱父母长辈、老师和同伴，爱集体、爱家乡、爱祖国。	"醒目"孩子情感丰富，有情有义，爱家人、与人为善、乐于助人、有礼貌、守规矩、活泼开朗，善于沟通与合作。"醒目"孩子做事积极主动，热爱劳动，会照顾自己，自我管理意识强。
科学	1. 对周围的事物、现象感兴趣，有好奇心和求知欲； 2. 能运用各种感官，动手动脑，探究问题； 3. 能用适当的方式表达、交流探索的过程和结果； 4. 能从生活和游戏中感受事物的数量关系并体验到数学的重要和有趣； 5. 爱护动、植物，关心周围环境，亲近大自然，珍惜自然资源，有初步的环保意识。	"醒目"孩子聪明、机灵、头脑灵光，反应快，积极主动，好奇心强，敢于探索新事物，动手能力强。
艺术	1. 能初步感受并喜爱生活环境和艺术中的美； 2. 喜欢参加艺术活动，并能大胆地表现自己的情感和体验； 3. 能用自己喜欢的方式进行艺术表现活动。	"醒目"孩子五感敏锐，醒目、醒耳、醒口、醒鼻、醒身，有较好的感觉，更有利于培养感受美和表现美的情趣和能力。

（三）对比结论

经过对比，"醒目"孩子的表现与国家培养目标在德、智、体、美四个方面的要求相符合，培养"醒目仔"也能够从不同的角度促进幼儿情感、态度、能力、知识、技能等方面的发展，与国家培养目标有殊途同归之感。

第二章

启航 "醒目"

　　"醒目教育"从何而来？又将走向何方？

　　"醒目教育"源自幼儿的身心发展规律，符合《3~6岁儿童学习与发展指南》的要求。心怀着培养"醒目"孩子的教育梦想，我决定用课题研究的方法，立足地方文化教育资源。进行学前教育区域课程研发，进行"醒目教育"区域课程的实践探索。

第一节　为何启航——形成动因

自从1995年我与"醒目"结缘，我便对它动心、入情，在工作中一有机会我就开始思考和实践，并获得星星之火的经验。前期遇到的和获得的这些看似微不足道的事情和经验，让我看到了"醒目"之于教育的魅力，这也不断加强着我对"醒目"的研究热情。

结缘"醒目"，让我思考关于教育的三个问题：什么教育让家长满意？什么教育让人生出彩？什么教育让儿童快乐学习？

研究"醒目"，让我思考：要为"醒目"做些什么？为何要去做？（问题）往哪个方面去做？通过什么途径去做？（方向）走什么路去？（水路、陆路、空中——课程）用什么工具做？（船、自行车、客车、高铁、飞机——教学方法）

一、基于履职，寻找教育问题

2001年10月，我受到领导的抬爱和鼓励，报名参加了广州市原芳村区向全国公开招聘优秀人才的选拔，竞争区域学前教育教研员的岗位，并有幸竞得，于2002年3月正式报到，开始从事区域学前教育教研员的工作。

（一）教研员角色定位和职能转变

课程改革的深入推进离不开教研员的专业指导。教研员主要承担着教学研究、教学指导、课程培训、考试命题等工作。可以说在一定程度上，教研员的专业能力决定着区域教育发展的水平，决定着区域教育发展瓶颈问题的解决效度。教育事业的发展、课程改革的深化、核心素养的落实对当前教研模式以及教研员的专业素质提出了更高要求。教研员不仅要成为课程政策的执行者，还要成为教师专业的指导者、发展的服务者，及学校提升教学质量的促进者。在工作方式上，教研员也要化被动为主动，从常规的教学指导、学科调研转变为主动与学校合作，成为学校校本研修的合作者和引领者，促进学校校本课程整合、教师专业发展和学校教学质量整体提升。

（二）教研员的工作职责

教研员承担着研究、指导、服务、引领教育教学的职责，具体职责如下：

第一，教研员应当在反复学习和理解国家课程标准精神和理念的基础之上，认真研究国家课程标准中各个模块的内容标准，研究基于国家课程标准编写的教科书以及其他教材。

第二，组织和带领任课教师学习领会和贯彻落实国家课程标准的精神和理念；研究和学习国家课程标准中各个模块的内容标准；研究教科书的知识整体结构并进行教科书内容的二次开发；研究和学习关于落实课程目标的教学资料；研究和制定每个学期的学科教研工作计划；研究和实施课堂教学过程中运用的教学方式、方法等。

第三，深入教学的第一线，认真听课、评课，查看和批改教师的教学设计，精心指导任课教师的教学工作，积极组织开展学科教师的研究课、公开课和观摩课。在学科的教学教研工作中，要不断地对教师的教学状况进行具体、细致、微观的批评和鼓励，使其不断得到激励和鼓舞，以最终达到提高学生素养为目的。

第四，提高学科老师专业水平，使其成长为优秀教师。因此，教研员需要开讲堂做报告，组织学科讲座，进行学科专业的交流和学习；参与教科书、教学参考书、学科教学服务网站的撰写和编辑工作。

第五，正确引领本专业的发展方向，使其符合国家培养目标和课程标准，引领学科朝主流思想和发展大道前进。

二、开展调研，发现问题

作为一名区域教研员，我意识到自己身上的担子很重，工作上不敢有丝毫的怠慢，希望自己能够尽快上手，全面履职。到岗位上报到之后，我围绕岗位职责，特别是教育教学工作，编制了调查问卷，开始对全区每一所幼儿园进行教育教学的情况调研，从调研中获得的数据看，情况不乐观，具体表现如下：

首先，大多数幼儿园没有规范、科学的教育教学管理，随意性大，几乎没有教研，用开会代替教研是常态。

其次，大多数幼儿园及其教师没有执行国家课程标准的观念。幼儿园提供的教材五花八门，质量参差不齐。市面上能买到什么样的教材，老师们就按部就班地去使用。而且，教材选用不固定，可能一学期就更换一次，完全听从市场和家长的意见，教学没有专业性和科学性可言。

最后，幼儿园教师的整体素质比较低，相关专业毕业和持有幼儿园教师资格证的老师占比不到50%，课程内容几乎全部是教科书上拿来就用的高预设的学科性内容，且教师不对课程内容的适宜性进行加工，同时也没有生成性课程、环境课程、一日生活皆课程的观念和意识。

总而言之，幼儿园教育教学呈现"小学化"倾向，幼儿教师的专业素养整体不高，亟待提高。

第二节　如何启航——寻找方针

如何破解？路在何方？破解这些问题的良方应该是回归学前教育本真。因此，为了适应时代的发展，学前教育从业者务必从法律法规和政策文件中寻找教育方针。

一、基础教育课程改革政策的推动

2001年教育部颁发了《基础教育课程改革纲要（试行）》启动了我国基础教育课程改革，旨在大力推进基础教育课程改革，调整和改革基础教育的课程体系、结构和内容，构建符合素质教育要求的新的基础教育课程体系，并把幼儿园课程也涵盖其中。

《基础教育课程改革纲要（试行）》对课程改革的总体目标规定如下：

> 基础教育课程改革要以邓小平同志关于"教育要面向现代化，面向世界，面向未来"和江泽民同志"三个代表"的重要思想为指导，全面贯彻党的教育方针，全面推进素质教育。
>
> 新课程的培养目标应体现时代要求。要使学生具有爱国主义、集体主义精神，热爱社会主义，继承和发扬中华民族的优秀传统和革命

传统；具有社会主义民主法制意识，遵守国家法律和社会公德；逐步形成正确的世界观、人生观、价值观；具有社会责任感，努力为人民服务；具有初步的创新精神、实践能力、科学和人文素养以及环境意识；具有适应终身学习的基础知识、基本技能和方法；具有健壮的体魄和良好的心理素质，养成健康的审美情趣和生活方式，成为有理想、有道德、有文化、有纪律的一代新人。

对基础教育课程改革的具体目标规定如下：

改变课程过于注重知识传授的倾向，强调形成积极主动的学习态度，使获得基础知识与基本技能的过程同时成为学会学习和形成正确价值观的过程。

改变课程结构过于强调学科本位、科目过多和缺乏整合的现状，整体设置九年一贯的课程门类和课时比例，并设置综合课程，以适应不同地区和学生发展的需求，体现课程结构的均衡性、综合性和选择性。

改变课程内容"难、繁、偏、旧"和过于注重书本知识的现状，加强课程内容与学生生活以及现代社会和科技发展的联系，关注学生的学习兴趣和经验，精选终身学习必备的基础知识和技能。

改变课程实施过于强调接受学习、死记硬背、机械训练的现状，倡导学生主动参与、乐于探究、勤于动手，培养学生搜集和处理信息的能力、获取新知识的能力、分析和解决问题的能力以及交流与合作的能力。

改变课程评价过分强调甄别与选拔的功能，发挥评价促进学生发展、教师提高和改进教学实践的功能。

改变课程管理过于集中的状况，实行国家、地方、学校三级课程管理，增强课程对地方、学校及学生的适应性。

二、从《纲要》中寻找教育的内容

（一）《纲要》规定与执行中的困难

2001年7月教育部颁布了《纲要》，作为新时期幼儿教育的指导性文件，其普及性、权威性、影响力巨大。

然而，许多幼儿园老师学习《纲要》后，都有一个疑问：幼儿园教育的教学内容在哪？教学内容成了实施具体教学过程中的难题。

于1981年颁布的《幼儿园教育纲要（试行草案）》有着明确的教育内容，包括八个方面：生活卫生习惯、思想品德、语言、常识、计算、音乐、美术、体育，其中把生活卫生习惯和思想品德教育融入所有的课程活动之中，其他六个方面内容采用上课形式，对各个学科每周的课时量都做了具体安排。教育部还组织全国统编幼儿教师用书，分别为语言、常识、计算、音乐、美术、体育、游戏，由人民教育出版社出版。

于2001年颁布执行的《纲要》在"教育内容"中，没有对课程内容、课程量、课程安排作出细致的说明，幼儿园及幼儿教师一下子转不过弯来，从市场购得教材后，仍然依照《幼儿园教育纲要（试行草案）》来设计、编排和实施课程，使得《纲要》的新思想难以落地，课程改革举步维艰。

（二）《纲要》中寻找良方

解决办法依然需要从《纲要》中寻找。《纲要》总则指出："城乡各类幼儿园都应从实际出发，因地制宜地实施素质教育，为幼儿一生的发展打好基础。"

"幼儿园应与家庭、社区密切合作，与小学相互衔接，综合利用各种教育资源，共同为幼儿的发展创造良好的条件。"

"幼儿园应为幼儿提供健康、丰富的生活和活动环境，满足他们多方面发展的需要，使他们在快乐的童年生活中获得有益于身心发展的经验。"

《纲要》第二部分开头一小段指出："幼儿园的教育内容是全面的、启蒙性的，可以相对划分为健康、语言、社会、科学、艺术五个领域，也可作其他不同的划分。各领域的内容相互渗透，从不同的角度促进幼儿情感、态度、能力、知识、技能等方面的发展。"

在第三部分的"组织与实施"中指出：教育活动内容的选择应遵照本《纲要》第二部分的有关条款进行，同时体现以下原则：既适合幼儿的现有水平，又有一定的挑战性；既符合幼儿的现实需要，又有利于其长远发展；既贴近幼儿的生活来选择幼儿感兴趣的事物和问题，又有助于拓展幼儿的经验和视野。

综上所述，《纲要》作为国家层面的课程标准，已严谨地提出了幼儿园的教育内容和方法、原则和策略。幼儿园教育内容应是启蒙的、全面的，它来源于幼儿真实的日常生活和周围的事物、现象及环境中，也是决定人终身发展的最重要和最基础的内容。教师应与家庭、社区密切合作，使幼儿教育与小学相互衔接，综合利用各种教育资源，创设健康、丰富的生活和活动环境，共同为幼儿的发展创造良好的条件。幼儿要学习的应是幼儿生活中能够直接感知和深刻认识的最为寻常的人情事物。教师可以利用身边的地方资源，进行课程研发、编写和应用，获取适宜的、丰富的、高价值的，能促进幼儿认识世界的教育内容，促进实现教育目标，促进幼儿全面健康和谐发展。

三、从《指南》中寻找教育的内容

2012年，教育部印发《指南》，为广大幼儿园教师和家长了解3~6岁幼儿学习与发展的基本规律和特点，全面提高科学保教水平提供了指导。

《指南》指出："理解幼儿的学习方式和特点。幼儿的学习是以直接经验为基础，在游戏和日常生活中进行的。要珍视游戏和生活的独特价值，创设丰富的教育环境，合理安排一日生活，最大限度地支持和满足幼儿通过直接感知、实际操作和亲身体验获取经验的需要，严禁'拔苗助长'式的超前教育和强化训练。""重视幼儿的学习品质。幼儿在活动过程中表现出的积极态度和良好行为倾向是终身学习与发展所必需的宝贵品质。要充分尊重和保护幼儿的好奇心和学习兴趣，帮助幼儿逐步养成积极主动、认真专注、不怕困难、敢于探究和尝试、乐于想象和创造等良好学习品质。忽视幼儿学习品质培养，单纯追求知识技能学习的做法是短视而有害的。"

综上所述，《指南》作为国家层面的课程标准，再次更清晰地强调幼儿园应采用的教育方法，幼儿园应创设丰富的教育环境，在游戏和日常生活中，最大限度地支持和满足幼儿通过直接感知、实际操作和亲身体验获取直接经验的需要。

第三节 怎样启航——探寻策略

教育离不开课程，课程是对教育的目标、教学内容、教学活动方式的规划和设计，是教学计划、教学大纲等诸多方面实施过程的总和。幼儿园课程是幼儿在幼儿园具体情境中获得的全部经验。因此，幼儿园的情境就是课程，要为实现教育目标，在内容结构、活动方式上进行规划和设计。情境的优劣，决定课程质量的好坏；课程质量的优劣，决定培养出的幼儿的水平的高低。因此，如何创设和有目的地选择情境是幼儿园课程建设的重要智慧。禁止"小学化"，从根本上扭转局面，需要进行课程改革，研发地方课程。

什么样的课程才能使幼儿在快乐的童年生活中获得有益于身心发展的经验呢？幼儿年龄特点，决定了幼儿对身边具体形象的人情事物有着更为直观的认识和深刻的感知，我选择借助地方资源来开发幼儿园课程资源，将幼儿经历过及有教育意义的地方资源，加工成可再现的幼儿园游戏的情境，供幼儿在自由自主的游戏中学习。

第三章

"醒目教育"理论概述

中国学者从未停止对本土化学前教育的探索。"醒目教育"是根植于中国文化构建的本土教育理论，它接地气、聚灵气，更能引起粤语地区教育者的共鸣，指导学前教育实践。

我国学前教育工作者，更习惯于依附国外教育理论，如苏联学科教育、瑞吉欧教育、蒙台梭利教育、华德福教育、高宽早期教育、杜威活动教育。试图把这些教育理论、教育思想通过本土的实践探索进行改良，实现其本土化。

其实中国学者也未停歇学前教育本土化的努力，只是把功夫用在"化"上。构建中国本土学前教育理论，其"基本概念应来自中国传统文化，即中国色彩的话语体系和表达方式，而不是沿用西方理论中的概念"。

"醒目教育"是在广东本土文化的地基上生长出来的一个新生事物，是我从长达18年主持区域幼儿园课程改革的实践研究中，对区域范围的实践探索进行验证后的产物。"醒目教育"能够被粤港澳大湾区及所有粤语地区的人们所理解和接受，更好指导幼儿教育实践。

孩子在什么情境下有最优良的心智模式，能发挥最好的学习状态？显然是在身心愉快的情境下。只有在身心放松、快乐的状态下，才能迸发孩子的内在动力，让孩子完成自我实现的需要。认识粤语"醒目"一词以来，我不断追问：孩子的心愿是什么？为什么是"开心""玩""游戏"和"自由"？为什么家长会祈盼孩子是"醒目仔"？作为学前教育工作者，如何能在成全家长心愿的同时成全孩子的心愿？在"醒目教育"区域课程的改革实践中，这个在粤语中最为寻常的高频词，在教育学层面，却有着非同一般的价值，暗藏丰富的教育真谛，故我将"培养醒目儿童 让幼儿离苦乐学"的课程改革实践，梳理归纳为"醒目教育"。"醒目教育"构建的灵感和思路，主要来源于中国文化的基础——对直觉智慧的深刻认知。下面将阐述我的直觉体悟以及发现思考的过程。

第一节　"醒目"内涵

一、"醒目"源于粤语

"醒目"一词，源于粤语的夸奖词，是在具体情境下，对善于发现并解决问题的聪明又机灵的孩子最为常用的一句夸奖，是广府民系的群众对孩子成长的一种祈盼，每一位父母都希望自己的孩子能"醒目"。在广府民系群众的心目中，"醒目"儿童包含了做事积极主动、好奇、敢冒险、乐于探究、善于沟通合作，对环境的适应力强，在复杂多变的社会中能够灵活地利用资源，能自己动手解决问题，生存能力强等特质。"醒目"的人外在的具体表现：一是在具体环境中表现出众，行动力强，对身处的环境有一种天然的觉察和觉醒力，能清晰判断具体的处境状况，并能够快速做出自然而灵通的反应，付诸行动；二是"醒目"的人五感敏锐，思维敏捷，具体表现为发现事情快，讲话语速快，手脚动作快，耳听八方，脑筋转得快，即为：眼快、口快、手脚快、耳快、心快；三是与人和善，对人尊重、包容、友爱、忍让，还乐于助人。

二、"醒"与"目"是认识事物的两个方面

视觉系统、听觉系统、触觉系统、嗅觉系统、味觉系统将感知到的信息通过神经传输向大脑，大脑再做出特有的解读，从而让我们获得对世界的理解和"认识"。现代科技告诉我们，世界上还有一些物质是人体感觉器官感知不到却又真实存在的，因此，仅凭人类的感官认识的世界是不全面的，有时甚至会阻碍人类认识世界的本质，只有让大脑将"目"收集到的所有信息进行更复杂和高层的"醒"，才能真正认清世界本质。

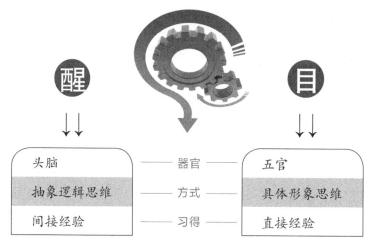

图3-1　"目"指导并推动"醒"

"醒目教育"是教育目的与教育方法的统一。"醒"既是醒目教育的质量观——培养"醒目"儿童，也是教育方法论——读书思考；"目"既是醒目教育的质量观——培养"五官敏锐"儿童，也是教育方法论——感官行动，学前教育以"目"为主的学习方式最为重要（躬行主义），通过外在感觉器官参与的活动、实际操作和直接感知来获得并积累丰富多样的直接经验，产生丰富立体的"眼识——醒眼、耳识——醒耳、鼻识——醒嗅、舌识——醒口、身识——醒意"，使儿童五感敏锐，聪明灵活。

第二节 "醒目教育"的理论来源

一、中国传统文化对"醒目教育"的启示

（一）蒙以养正

《易经》对"醒目教育"思想有直接的启发。在《群书治要·周易》里面讲到"蒙以养正，圣功也"。这个"蒙"是代表受教育，因为小孩刚出生还懵懵懂懂，要通过教育，让孩子从小养成正确的思想观念，并引导他的善心、善言、善行，使其成为一个对家庭、国家和民族有贡献的人才，这是世间最伟大的功业。我们师长强调，重视三岁以前的教育可以出贤人，重视三岁以后的教育能够出君子。

先秦时期的典籍《周易》也提到了"物生必蒙，古受之以蒙，蒙者，蒙也，物之智也，物智不可不养"的早期教育思想。幼童学习不是谁的逼迫，而是人天生有求知的欲望，好学是人类生来之本能。不愤不启，不悱不发，在幼童好奇好学之时，主观学习的能动性最强烈，是学习最佳时期。

（二）知行合一

幼儿期是"养正"的关键期，幼儿期的特点使得这个阶段的品德教化有其独特的做法——必须在"行"中"教"和"化"。"知行合一"是由明朝思想家王守仁提出来的。"知"主要指人的道德意识和思想意念。"行"，主要指人的道德践行和实际行动。"知行合一"是指客体顺应主体，"知"是指良知，"行"是指人的实践，知与行的合一，既不是以知来吞并行，认为知便是行，也不是以行来吞并知，认为行便是知。即谓认识事物的道理与在现实中运用此道理，是密不可分的。这是中国古代哲学中认识论和实践论的命题，主要是关于道德修养、道德实践方面的。中国古代哲学家认为，不仅要认识"知"，尤其应当实践"行"，只有把"知"和"行"统一起来，才能称得上"善"。

粤语地区群众有几个鲜明的特征："敢为天下先"，他们敢于探索，认定实践能出真知；"先做了再说"，他们信奉会做才是硬道理。

二、"醒目教育"理论基础

（一）陶行知教育思想

陶行知提出了"生活即教育""社会即学校""教学做合一"的教育理念。

生活即教育。陶行知认为：生活无时不含有教育的意义。如果教育只是书面上的，那么就失去了教育的真正意义。将生活作为教育内容，才不会使得教育的内容狭隘，而是让教育的内容广阔丰富，用好的生活改造不良的生活。"生活即教育"，即教育是从书本的到人生的，从狭隘的到广阔的，从字面的到手脑相长的，从耳目的到身心全顾的。

陶行知所说的"生活"包含生活实践的意义。有怎样的生活就有怎样的教育，生活决定教育，而教育又可以塑造生活。他所说的"生活即教育"是民主的、科学的、大众的、创造的教育。"生活即教育"是人类本来就有的，随着人类的生活而改变，在各种生活中学习、教育，并且应该是终身的教育、活的教育。

社会即学校。要先能做到"社会即学校"，然后才能讲"学校即社会"；要先能做到"生活即教育"，然后才能讲"教育即生活"。陶行知提出"社会即学校"的目的在于扩大教育的对象与学习的内容，让更多的人受教育。光是学校里的学习内容太少了，应该把教育放到社会中去，使更多人能接受到教育，无论在校外校内，都有师生的角色，都可以学习，同时这样的学习更加符合生活，符合中国实际情况。对于坏的环境也应该学会辨识，用好的环境改造不好的环境。学校不可以与社会脱离。

教学做合一。陶行知认为教师的责任在于教学生学，而教师教的方法要根据学的方法来。教师在教学的同时也应该学习。也就是说教师教的与学生学的是联系的，相关联的。同样的，教师所教与自己所学的也要联系在一起。如果教师做好了，教育的关键问题也就解决了。在当时所处的时代里，陶行知勇于实践和探索，将自己的理论真正应用到教育实践中，为中国现代教育作出了巨大的贡献。

（二）陈鹤琴教育思想

陈鹤琴先生的"活教育"思想之"大自然、大社会都是活教材"的理念，即要求幼儿园课程要以大自然、大社会为中心。因为孩子的知识来自直接经验，而大自然、大社会又是孩子每天都会接触的，所以应以此为活教材。"醒目教育"课程之一的广府文化特色课程就是立足幼儿生活，以幼儿日常生活中感知的各种广府文化活动为载体开展的。

（三）杜威的"三中心论"教育理论

杜威的"以经验为中心""以儿童为中心""以活动为中心"的三中心论，是针对传统教师的"以课堂为中心""以课本为中心""以教师为中心"的反证，对幼儿园教育有启示意义。"醒目教育"主张立足贯彻落实《指南》理念，形成"以经验为中心""以儿童为中心""以活动为中心"的广府文化特色的幼儿园教育教学实践和课程体系。

（四）蒙台梭利的"吸收心智论"

婴幼儿就像照相机的感光底片一样，将外界的信息全部摄入，然后内化成自己的东西，也就是从无到有的快速累积的过程，这种潜意识的摄取，从最初的无意识吸收到三岁以后逐渐变成有意识的吸收。孩子在"吸收心智"的驱动下，学习效果不仅与大人不同，学习速度更是惊人。

第三节　"醒目教育"的理念

一、"醒目教育"理念背景

（一）国家政策的指导

"醒目教育"理念的灵感源于国家政策，是贯彻国家课程标准过程中进行的区域探索。中国进入新时代的时期，教育部颁发了一系列文件：《幼儿园教育指导纲要（试行）》《3~6岁儿童学习与发展指南》《关于实施中华优秀传统文化传承发展工程的意见》《中国学生发展核心素养》等，在国家实施学前三年行动计划、培养核心素养、弘扬传统文化的时代大背景下，我提出了"醒目教育"。

《纲要》明确提出：幼儿园应与家庭、社区密切合作，与小学相互衔接，综合利用各种教育资源，共同为幼儿的发展创造良好的条件；城乡各类幼儿园应该充分利用本地各种资源，构建适合本地幼儿发展的课程；充分利用社会资源，引导幼儿实际感受祖国文化的丰富和优秀，感受家乡的变化和发展，激发幼儿爱家乡、爱祖国的情感。

《完善中华优秀传统文化教育指导纲要》强调：要加强中华优秀传统文化教育的重要性和紧迫性；开展中华优秀传统文化教育的主要内容是中华民族语言习惯、文化传统、思想观念、情感认同的集中体现，凝聚着中华民族普遍认同和广泛接受的道德规范、思想品格和价值取向，具有极为丰富的思想内涵；要求小学低年级以培育学生对中华优秀传统文化的亲切感为重点，开展启蒙教育，培养学生热爱中华优秀传统文化的感情；鼓励各地各学校充分挖掘和利用本地中华优秀传统文化教育资源，开设专题的地方课程和校本课程；充分发挥家庭在中华传统文化教育中的重要作用。

这些指导性文件为幼儿园教育指明了课程的方向、实施的策略，突出了本土文化作为幼儿园教育资源的重要性，使研究者进一步明确了"传承地方文化，培养'有根'儿童"的重要意义。

其一，教育本身就是传承文化。"教育在一定程度上是民族文化传承的产物，也是民族文化传承的动因；传承民族文化是教育的目标之一，又能服务于教育目标。"地方文化蕴含着丰富的教育资源，教师在幼儿园课程中也会时常渗透地方文化内容。

其二，发挥地方独有的文化对成长有重要价值。文化在教育中占有重要地位，是培养儿童核心素养的载体之一，不论是在什么样的育人目标下建构的课程体系，文化都与儿童生活相伴，相随儿童成长。任何人都生活在特定的文化环境中，并以年少时的文化为"根"形成特定的价值观和世界观。幼儿正是在地方文化的浸淫下逐渐融入"人"的社会，实现从"自然人"到"社会人"的转变。

"醒目教育"坚持"培养醒目儿童　让幼儿离苦乐学"的教育初心，坚持"'目'为'醒'之源，'醒'为'目'之成"的教育信念，反映了《纲要》《指南》规定的"幼儿园以游戏为基本活动"的应然要求；提出"课程重构　魅力游戏"的课程改革策略，推进贯彻落实当前学前课程改革的精神，从根本上去除"小学化"；贯彻《纲要》《指南》《关于实施中华优秀传统文化传承发展工程的意见》《中国学生发展核心素养》的新时代精神。学前教育三年行动计划从解决"入园难"到"大力发展普惠园"再到现今的"提升内涵，发展质量"，这就意味着中国的学前教育已经走到关注奠定幼儿一生基础的发展路途上，这将是幼儿园构建以幼儿为本的教育生态体系的最佳时机，"醒目教育"理念与国家教育转型趋势相契合。

（二）区域社会文化的灌溉

广州是历史文化名城、国际大都市、中国一线城市，是粤港澳大湾区共有的广府文化的核心区之一，荔湾区又是西关文化的核心区域，有深厚的文化资源和扎实的教育实践经验，由此，荔湾区政府提出要建设国家重要中心城市核心功能区的文化战略。"醒目教育"正是产生于这样一个有灿烂的广府文化的核心地区——荔湾区，其研究及发展都与该地区的发展相适应。

2014年荔湾区被国家文化部评为"全国文化先进区"。《荔湾区国民经济和社会发展第十三个五年规划纲要》确定了"文化优区战略"，以建设世界文化名城为导向，以挖掘文化资源为核心内容，丰富区域文化内涵，充分发挥文化的导引、激活、渗透、增值功能，全面提升城区文化品位，把荔湾建成体现岭南风情、都市气派、历史与现代有机融合的大都会区。"凸显西关风情，建构区域特色的城市文化"，依托深厚历史文化底蕴和优美自然资源，打造岭南文化展示区。

荔湾区学前教育立足本区实际，秉承"精致、品质、特色"的方针，旨在将幼儿园办成有文化内涵、有特色品味、精致务实之园所，满足人民群众日益增长的学前教育需要，通过了一期和二期学前三年行动计划验收。根据《荔湾区发展学前教育第三期行动计划（2017—2020）》，以广东省《指南》实验区项目为基础，打造具有广府文化特色的区域幼教特色品牌。

荔湾区是广东省《指南》实验区，能够立足于"生活即教育""文化育人"的理念，围绕"醒目教育"四大意识和幼儿醒目发展的八大核心素养推进具有浓郁的广府文化特色的区域性幼儿园课程并实施，以区域为整体，以地方特色课程建设为载体，带动幼儿园贯彻《指南》，开展科学保教。同时，进一步加强对正确学前教育理念的宣传，指导和帮助家长科学育儿，形成家园共育的良好社会环境。探索一条幼儿园与社区、与家庭、与社会环境相互作用、互相依托，共同构建和使用的幼儿园教育资源的共同发展之路。

"醒目教育"区域课程体系秉持"以优秀文化育人 培养醒目儿童"的理念，根植于荔湾区特有的地方资源，特别是广府文化资源，基于荔湾区实施创新驱动发展的现实需要。

"醒目教育"是在学前教育课程改革的大背景下，基于区域对地方特色课程资源的采集、实践、研发和验证，在对其进行深化和优化研究后的精髓。一方面，"醒目教育"顺应了当代核心素养教育的时代潮流，有关核心素养的研究近年来日益增多，核心素养强调面向未来的信息社会重建课程框架。"醒目教育"以国内外有关核心素养的研究为基础，探讨未来幼儿园课程的方向。另一方面，"醒目教育"也反映了广州地域文化的特点，符合民心民意的教育追求，顺应学前课程改革的主流思想，体现了课程地方化的时代诉求。《指南》作为国家层面的教育指导，学前教育唯有结合地方的经济与文化特点才能更彰显其生命活力，"醒目教育"正是吸取了广州广府文化中的积极元素。因此，"醒目教育"研究的脚步不止，在过往经验的基础上再次出发，日臻完善。

（三）时代对人才的需求

学前"醒目教育"顺应当前社会人才转型的要求——工业时代到信息智能时代的需要。信息化、网络化发展使得未来更加难以预测，我们已经开始进入一个创新求变、对未来发展不确定的时代，唯有主动创新求变，才能立于时代潮头。而现行的教育教学模式仍然是适应工业化社会的模式。要实现教育的终极目标"使人更加完满地生存"，就意味着当前工业化的教育模式必须要转型，如何构建适应信息化的教育模式则是当务之急。"醒目教育"恰恰是着眼于现在与未来发展的教育理念，与当代教育趋势不谋而合。

二、"醒目教育"的概念

什么是"醒目教育"呢？如表3-2所示，包含六层含义：

表3-2　"醒目教育"的六层含义

醒	目
大脑	五官
"醒"有四个阶段，是逐渐发展的过程，是儿童不断夯实和内化经验的过程，有了经验的量变积累，才逐渐到"醒"的质变过程，具体如下：唤醒——清醒——觉醒——醒悟。	感觉器官对外在世界也有两步觉知的过程，只有达到"醒"的觉知，才可以说感官"敏锐"了，其过程是直观感官—觉知体会—体悟到直觉。具体如下： 眼识——醒眼（眼睛觉知） 耳识——醒耳（耳听觉知） 鼻（舌）识——醒嗅（味）觉知 口识（表达感觉）——醒口（表达觉知） 身识（身体感觉）——醒意（身体觉知）

（续表）

醒	目
"醒"是通过获得经验而产生的行为或行为潜能相对持久的行为方式	"目"是各种感官参与学习，如通过阅读、听讲、研究、观察、操作、探索、实验、实践等手段获得知识或技能，是一种使个体可以得到持续变化（知识和技能、方法与过程、情感与价值的改善和升华）的行为方式
聪明机灵	五官敏锐
知识分成表征性的经验知识和表意的概念知识。没有以实践经验为基础的知识是靠不住的	积累直接经验以激活思考能力，有利于学习到的知识内化成间接经验，以此为基础进行变通融合与创新
理性智慧	直觉智慧

　　人体通过唤醒和调动以"目"为首的五官，打开认识物质世界的通道，带动大脑处理捕捉到的信息，推动内在思维的活跃，使人成为"醒"的人。"目"为"醒"之源，"醒"为"目"之成。"醒"与"目"二者是同一过程的两个方面，交叉在一起，相辅相成，人体感官与人脑思想之间是相通、相联、相呼应的。

（一）"醒目"表达质量观，也表达方法论

　　"醒目教育"是教育质量观与教育方法论两者的紧密统一，两者不可分割。"醒目"一词既表达教育的质量观，又是学习的方法论。一方面"醒"是一个过程，即"醒"是指从感觉到感知，从外到内化的经历。"醒"不是一下子的，它有个唤醒和醒悟的过程。这里的"醒"是指学习中由不懂到懂、从不会到会的一个过程性活动，是人在学习过程中，通过获得经验而产生的行为或行为潜能相对持久的行为方式。另一方面，以"目"为首的感官，是学习的方法，是各种感官都参与的一种学习过程，如通过阅读、听讲、研究、观察、操作、探索、实验、实践等手段获得知识或技能。"目"是一种使个体可以得到持续变化（知识和技能、方法与过程、情感与价值的改善和升华）的行为方式。

（二）"醒目教育"的学习机理

　　"醒目教育"认为人的物质身体（特别是五官）与人的思想意识之间是相

通、相联、相呼应的，只有平衡、协调发展的教育，才会使人具有理性智慧和直觉智慧，这样的教育才会是活教育。

"醒目教育"理念下的课程是根据儿童不同阶段的生长发展和认知学习规律，针对成长阶段的学习方式和特点来设置"醒"与"目"之间的平衡，以使人的五官和聪明才智都得到恰如其分的发展，成为"醒目"儿童。

0~7岁儿童天生是积极主动的求知者，其思维的具体形象和直觉行动性，使得人生关键的7年，受到以感观参与活动获得直接经验为主导的"醒目教育"，让孩子拥有更加幸福的童年。

三、"醒目教育"核心理念

"醒目教育"的核心理念可以概括为："目"为"醒"之源，"醒"为"目"之成。

"醒目教育"理念主张的课程内容可以用"和谐、自主、创造"这三个关键词概括。其中，和谐共生，关系为先。即：人与人之间的关系，人与自然的关系，人与社会以及身边事物的关系，鼓励教师引导幼儿自主定向、自主发展，从身边的环境和已有经验出发，创造机会，构建自己与身边的人、事、物之间的和谐关系。

四、"醒目教育"的学习原理

"醒目教育"的学习原理：人体通过唤醒和调动以"目"为首的五官，打开认识物质世界通道，带动大脑处理捕捉到的信息，推动内在思维的活跃，使人成为"醒"的人。这是指引"醒目"课程编制的出发点，"醒目"课程必须以活动为主，以五感高度运用为基本原则。

对比任何一个成长阶段的学习，婴幼儿期的学习是没有功利性，是与生俱有的，是生物体成长的内在本能力量驱动下的一种无意识的自觉行为。因此，幼儿是天生的主动学习者，幼儿的身体、认知、情感、社会性的发展，是在以感官参与和直接行动的活动中获得的。幼儿以感觉力发展带动心智的发展，"醒目"课程旨在培养五感敏锐、积极主动、沟通合作、乐于探索的儿童。在教育方法上倡导躬行主义，"目"（感官体验——感觉）在前推动"醒"（形成感知经验），侧重给孩子提供宽松的自由探索的教育情境及活动材料，让幼儿用五官与环境交互作用，在听与看、闻与嗅、操作与抚摸、品与尝、讲与说、做与想的自由活动中，满足身体、心智发展的需求，实现"目"为"醒"之源，"醒"为"目"之成的醒目教育理念。

五、"醒目教育"目标

"培养醒目儿童　让幼儿离苦乐学"是"醒目教育"的目标，是让幼儿在教师准备好的教育情境中，自由自主地快乐游戏，充分释放天性，发挥聪明才智，有创造性地学习，幸福健康成长，积累能让一生受益的关键经验，成为"醒目"儿童。

六、"醒目教育"课程设计原则

"利生存　存正义"是"醒目教育"课程设计的原则，"利生存"主要学习生存的社会法则和自然法则，"存正义"学习如何做人，做有品德、有作为、能担当之人。

幼儿天生具有学习的本能，有天生的学习力量和独特的学习方式，教育就是提供经过优化的学习资源，让幼儿方便学习，加强与生俱来的学习动力——好奇心、想象力、求知欲。因此，"醒目教育"的内容设计就是在幼儿真实生活背景中，选择能够影响幼儿一生幸福发展的因素，进行有目的、有计划、有系统的教育，利用开放式的幼儿学习的情境资源（自然、社会、人文；空间、时间、物质、信息；促使五感敏锐的学习材料），让幼儿在安全、自由、干净整洁、友好和美的情感和精神氛围之中，无拘无束地与人交往、大胆探索、自主游戏，并与这些因素建立连接和正向反应，促进人格健全和醒目发展。

表3-3　"醒目教育"的课程设计原则与课程内容对应

"醒目教育"课程设计原则	"醒目"课程内容
利生存	1. 人文课程。文明其精神，源于美好生活的内容（地方文化资源） 2. 区域活动。灵动智慧的游戏课程，解决美好生活中的问题 3. "醒目"大操节。野蛮其体魄，强壮体格，提振精神，健康文明的行为和生活习惯
存正义	爱人、爱国 乐意为人类美好的生活做有意义的事

七、"醒目教育"的方法论

（一）"躬行"理念

"醒目教育"的方法论是"躬行"理念，即引导幼儿以感觉器官带动学习，以学习直接经验为主，在直接感知、实践体验和直接操作中进行学习。"躬行"理念不但是幼儿的学习方式和特点，也是幼儿的学习内容，更是幼儿期学习获得直接经验的全部行为方式。

基于"醒目教育"美好的追求和"培养醒目儿童　让幼儿离苦乐学"的教育初心，以"课程重构　魅力游戏"理念构建醒目课程，培养五感敏锐、机灵聪明的"醒目仔"。"醒目"教育方法，一是倡导使用生活中幼儿能够感知的内容，以主题探究形式进行学习，并通过家园共育，让幼儿自主经历，实践体验，将获得的经验和学习成果大胆表达和展现。在这之中教师要关注幼儿学习与发展的整体性、学习的活动性和活动的多样性、幼儿学习的自主性和创造性。二是顺应自然生活秩序和幼儿的兴趣爱好，顺势引导学习，选择有发展意义的主题作为内容，持续鼓励幼儿在游戏中不断解决问题，积累新经验，同时处理好人与环境（自然、社会、人）的关系；不赞同围绕知识点展开有严谨逻辑的知识内在体系的学科教学，强调幼儿学习的主动性和创造性。

（二）直接经验与间接经验的辩证统一

教育既获得直接经验，也获得间接经验，"醒目教育"是两种经验的统一，而二者区别在于：直接经验由个人总结得来的，就是通过五官的感受体验并经过实践检验得到的经验，如我们通过抚摸接触知道棉花是柔软的，石头是坚硬的；通过眼睛观察比较知道水是无色、无味、透明的，天空时而蓝色时而白色时而绚丽多彩。间接经验是指从他人那里得来的知识，特别是前人通过总结实践经验而得出的科学理论知识，从报刊上、电视上得到的经验也都是间接经验。

二者互相联系、互相作用：直接经验和间接经验是人们获得知识的两条途径，二者是源与流的关系。人的认识整体上都起源于直接经验，因此直接经验是认识的"源"，但对于每一个具体的个人，他的认识大多来源于间接经验，不过即使是间接经验，对整个人类而言仍是直接经验，所以直接经验与间接经验的关系是"源"与"流"的关系。例如，我们的知识大部分源于课本，而课本上的知识又是其他人通过实践总结而来的，所以，知识的来源归根到底是直接经验。即，从根本上来说，实践是认识的唯一来源。

从认识的辩证过程上看，直接经验与间接经验的关系，是源与流的关系。没有直接经验，就谈不上分析检验而得到间接经验，二者统一的基础是实践。没有间接经验，我们就不能高度归纳与整理我们所取得的直接经验并用诸实践之中。直接经验从实践中得到，是间接经验的"源头"，应该是先有直接经验，然后向间接经验转化，即源和流的关系。例如：亲自饲养一只宠物，就可以获得饲养这种宠物的直接经验，今后再从书本上获得，或是听他人介绍与宠物相关的知识，即间接经验时，就容易领会。如果一开始就只从书本知识或从长辈处听到经验，即间接经验，没经过直接经验的过程，间接经验就不牢固、不灵通，难以举一反三、学以致用，这种间接经验比较死板，与实践有距离，没有更好的再生能力。反过来，如果一开始就通过五官感受积累获得直接经验，然后通过书本或传授获得相关的间接经验，那就将原先的直接经验激活了，这个间接经验就有了生命力，更容易被理解内化并加以灵活应用。因此，"纸上得来终觉浅，绝知此事要躬行"。

对"醒目教育"的启示：确定了以"'目'为'醒'之源，'醒'为'目'之成"为"醒目教育"的基本理念。

第四节　探索"醒目教育"意义

"醒目教育"是在区域课程实施中逐渐发展起来的，相对其他教育理论基础比较薄弱，但它在实践中的运用和实施速度却很快，这不仅是因为"醒目教育"完善了区域课程，丰富了幼儿园教育形式和理念，而且对幼儿快乐学习、去除"小学化"、促进教师专业成长也有着重要作用。因此，基于"醒目教育"本身的功能和属性，在幼儿教育领域探索和实施"醒目教育"对推动我国学前教育的整体发展有着深远的意义。

一、"醒目教育"是对国家学前教育理论的补充

"醒目教育"是在一个教育行政区域构建的土生土长的幼儿教育理论，是对国家幼儿教育理论的补充和丰富。

刘小红的博士论文《中国百年幼儿园课程的价值审思——基于课程文本的分析》中有这段话："解决价值依附的途径——构建中国本土幼儿教育理论，实现学前教育研究者两种意识的觉醒。"刘小红认为，"对于学术人来讲，两种很重要的意识是其能否进行创造性研究的前提，即文化主体意识和学术独立意识。"

参加工作以来，我也感叹中国"学前教育界高度西化的学术思维和移植性格"，在从事学前教育工作37年里寻寻觅觅，直到遇见"醒目"，被它的魅力所吸引。我鼓起勇气，抛出学前"醒目教育"概念，一是坚信这是具有灵气，接中国地气的本土原创的学前教育理论，虽然目前它还很浅、很稚嫩，但我坚信它是适宜学前教育的理论；二是希望有与我一样坚守本民族文化的根，即能够保存自己的文化主体性的学者，共同把生命奉献于中国原创性学前教育理论的探寻和构建。

二、"醒目教育"是基于区域课程现状的教育实践

目前幼儿园在课程上依然传统落后，具体表现为课程实施过程中以教师为中心，单向教授，幼儿被动接受，主动学习不足，幼儿主体性和学习主动性发挥不够；安排记忆式学习，重知识结构的学习，不够关注幼儿的主动建构——缺少自主性，没有给予幼儿选择活动的自由；老师预设的学科课程较多，综合性、主题性、游戏性课程少，生活中隐性课程、生成课程被忽视，课程设置缺乏弹性；教师重课程目标达成，轻学习过程本身价值。

同时，作为基础教育中不可或缺的重要构成部分，幼儿教育如今依然存在不尊重幼儿的个体差异，不按幼儿的学习方式和特点组织活动，不关注幼儿学习发展的整体性，不重视幼儿的学习品质等等情况，尤其是当前依然存在一定程度的"小学化"现象。如：课程设置不科学，不关注幼儿的生活背景，使用聚焦知识体系的学科化教材，不以游戏为基本活动形式，采用"小学化"的课堂教授方式，不以游戏和生活中的直接经验为基础，重视以知识和技能习得为主的目标导向。这些造成幼儿自主规划、沟通合作、善用工具的能力得不到锻炼，创新意识、文化意识不够，学习的内动力还未萌芽就遭遇扼杀，使原本应

该最快乐幸福的学习时段变成束缚和制约终生发展的桎梏，那么如何让幼儿离苦乐学、快乐学习、主动学习呢？

"醒目教育"理念可以改变课程现状的弊病。"醒目教育"不赞同围绕知识点的、有严密内在逻辑的、强调概念和技能的、根据教科书按部就班式的高密度设计、进行的学科式教学；而是强调幼儿是具有主动学习和发展愿望的学习主体，主张顺应自然生活秩序和幼儿的兴趣爱好，选择有意义的主题，以幼儿的兴趣决定主题开展的时间和空间，并提供环境和材料的支持，适时妥当地支持、引导和促进幼儿有意义地持续学习，使幼儿不断积累直接经验，在游戏中处理好人与环境（自然、社会、人）的和谐关系，以此改变幼儿园课程不如人意的现状。

三、从幼儿园层面来看"醒目教育"的意义

（一）理论意义和价值

1. "醒目教育"能丰富幼儿园教育的专业内涵。

学前教育发展至今，出现了行为主义学说、人本主义学说、存在主义学说等各种理论范式下的学前教育理论，但无论哪一种都难以独立解释学前教育实践中所面临的各种问题。然而，对于普通的一线教育工作者、家长而言，各种理论的融合在某种意义上却增加了他们对学前教育实践专业性的迷惑感，普通教师需要更务实的、具操作性的教育理论和标准化程度。对此，最好的解决办法就是，基于对一种教育理念的实践与探讨，促进各种教育理论的融合，并形成一整套接地气的、有灵气的，完整、系统、规范的教育模式，从可操作性、科学性、专业性、标准化等多个层面帮助教师和家长认识学前教育。我们对"醒目教育"进行探索与实施的意义也在于此。

"醒目教育"的区域课程设置和实践中还在继续进行，具体的操作程序、教育内容、评价标准等方面的探讨在系统性和体系化方面还要进一步完善。为此，"醒目教育"区域课程的探究与实践，更有重要意义。一方面，"醒目教育"对各种理论进行探讨、分析和融合；另一方面，"醒目教育"的实践与探讨，通过理论与实践的不断磨合，将日常教育中零碎的感知经验整合为系统化的教育理论，加深人们对幼儿园教育的系统化认识，增加醒目教育的科学性和专业性。

2. "醒目教育"有助于幼儿园深化课程改革。

幼儿园开设的各类课程和开展的各项活动,都是以促进幼儿发展为教育目的,醒目教育的有效开展,同样需要以幼儿的身心发展规律和特点为依据。一般而言,任何一种教育理念的贯彻与实施,都是基于对幼儿学习特点和发展规律的某种判定而展开的。目前,"醒目教育"还处于初生阶段,还未敢与绝对权威的幼儿学习理论相提并论,但各种能够符合幼儿教育规律的教育理论,应该在彼此借鉴、吸收、融合的基础上,逐步就幼儿学习和发展的内在机制形成一些共识,比如幼儿期学习方式和特点,幼儿学习和发展的整体性,幼儿成长的连续性、阶段性和主动性等特点。不同的幼儿学习理论的主要差别在于对影响幼儿学习的因素的重要性判断不同。虽然各种教育流派都是经过大量的研究实验对幼儿身心发展规律和特点加以验证的,但毕竟同真实的日常教育相差甚远。因此从区域幼儿园真实的教育实践场域,系统分析幼儿真实的学习与成长过程的教育,就变得更具实际意义。

"醒目教育"理论来源于本土千百年的粤语文化,一直呈现着家长对教育成效的美好期盼,在真实的教育场景观察幼儿学习,并通过分析教师、幼儿及幼儿同伴之间互动形式和过程,设计多种教育方案,检验理论指导实践的适切性。由此,一方面可以帮助改进和完善自身的教育理论,深化对"醒目仔"成长规律的认识,另一方面通过对比其他教育理论的实践成效,发现自身不足和彼此契合点,改进、丰富幼儿学习理论的内容。

3. "醒目教育"丰富教师专业化理论,促进教师成长。

教师专业成长是永恒的教育话题,教师专业素养决定幼儿园保教质量的关键,教师专业的成长是在理论指导下的教育实践中成长起来的,无论哪个角度的教师专业化问题,都离不开教育实践活动,都必须从教师专业行为的角度来探讨,"醒目教育"区域课程的实践探索,为教师专业化问题提供了平台和途径。

一方面,教师专业素养为"醒目教育"区域课程的有效实践活动提供重要保障。从对"醒目教育"及其课程一无所知,到参与实践,到有所收获,再到熟练掌握,最后成为专家型教师,回头指导其他教师的教育实践,这期间的历练和成长过程,浸透着理论指导与实践锤炼的痕迹;另一方面,从教师专业素养形成的内在机制来看,教师教育能力的发展与提升,是教师职前所学到的各种专业知识,经实践检验不断内化的结果,最终形成专属的实践性知识的过程。

（二）实践意义和价值

"醒目教育"能推动当前学前教育课程改革的一些新理念在幼儿园教育贯彻与执行。"醒目教育"还对提升教师专业素质，搭建一个区域研教研学平台，有重要意义，"醒目教育"理念指导下的"醒目"课程也能有效促进幼儿社会性发展、个性品格的发展和完善。

第五节 "醒目"儿童发展核心经验评价

2018年，我主持申报了继续教育培训课程，邀请广东第二师范学院苏鸿博士作为导师，带领核心团队4人，开展了"'醒目教育'幼儿发展核心经验评价量表"的研制工作。历经3个月的理论思考与实践探索，终于结出了丰硕的成果。

"醒目教育"的研究，在苏鸿博士看来无论在理论层面还是实践层面，都具有十分重大的研究价值。一方面，"醒目教育"顺应了当代核心素养研究的时代潮流；本课题以国内外有关核心素养的研究为基础，比较深入地探讨了未来幼儿园课程的方向。另一方面，醒目教育也反映了广州地域文化的特点，体现了课程地方化的时代呼求。《指南》作为国家课程标准，唯有结合地方经济与文化特点才能更彰显其生命活力，醒目教育正是汲取了广州广府文化的积极元素。

刘宁老师在鸣谢中写道："《'醒目教育'幼儿发展核心经验评价手册》的编写工作，端赖下列团队和人士付出的努力，在此致以衷心感谢：广州市荔湾区教育发展研究院幼教教研员裴光华老师，致力于'醒目教育'主张并组织研发相关课程，研制幼儿发展评价手册，引领课程组成员进行一次又一次研习，组织核心组成员进行一遍又一遍研讨，'醒目教育'得以从设想到雏形的实现。广东第二师范学院学前教育系苏鸿博士，在他的鼎力帮助下，'醒目教育'课程理念和评价指标得以梳理得更为清晰，方向更为明确。刘宁（荔湾区育星和平幼儿园）、马倩茹（荔湾区协和幼儿园）、王凡（荔湾区协和幼儿园）、黄秉君（荔湾区二商幼儿园）为《'醒目教育'幼儿发展核心经验评价手册》研制的核心组成员，其中刘宁负责自主发展、善用工具部分，马倩茹负责文化意识部分，王凡负责沟通合作部分，黄秉君负责每次研讨的记录，对阶段性研制信息进行汇总。"

　　《"醒目教育"幼儿发展核心经验评价手册》的内容涵盖"醒目教育"的"文化意识""自主发展意识""沟通合作意识"和"善用工具意识"四大意识，又从中衍生出八大核心经验，分别是：文化意识，对应亲近地方文化经验和感受多元文化经验；自主发展意识，对应自我管理经验和主动学习经验；沟通合作意识，对应倾听表达经验和解决冲突经验；善用工具意识，对应解决问题经验和表达想法经验。评价手册的制定融合了"中国学生发展核心素养"的思路和"醒目教育"的主张，考量了广州兼容并蓄、科技立省的地区特色和荔湾区源远流长的文化背景，所提出的核心经验是"醒目教育"对广州儿童的希冀和"醒目仔"的培养目标。

　　《"醒目教育"幼儿发展核心经验评价手册》是广州市荔湾区"醒目教育"课程实施的评价部分，由核心经验、教育建议及轶事记录表格组成，该评价手册编制工作于2018年3月至6月完成，现还需要不断完善，暂未向幼儿园公布使用。在后续研究中，还将重点推敲"教育建议"部分，引入更为详尽、直观的具体建议，力求更加严谨和更易于操作。

　　下面将第一阶段探索的研究结果呈现给读者，给有需要的家长和老师们参考应用。

表3-4　"醒目教育"幼儿发展核心经验评价量表——文化意识

核心经验	教育建议	轶事记录
亲近地方文化	●激发幼儿爱家乡、爱祖国的情感。如和幼儿说一说或在地图上找一找自己家所在的省、市、县（区）名称。和他们一起收集有关家乡、祖国各地的风景名胜、著名建筑、独特物产的图片等。 ●利用电视节目或参加升旗等活动，向幼儿介绍国旗、国歌以及观看升国旗、奏国歌的礼仪。 ●向幼儿介绍反映中国人聪明才智的发明和创造，激发幼儿的民族自豪感。 ●经常让幼儿接触适宜的、各种形式的本地区的音乐作品。 ●带幼儿观看或共同参与传统民间艺术和地方民俗文化活动，如皮影戏、剪纸和捏面人等。 ●有条件的情况下，带幼儿去剧院、美术馆、博物馆等欣赏文艺表演和艺术作品。经常带幼儿参观园林、名胜古迹等人文景观，讲讲有关的历史故事、传说。	观察时间： 观察者： 观察对象： 总体评价： □低（知道常见的节日） □中（了解本地区的传统习俗） □高（文化理解与认同） 典型事件记录：

（续表）

核心经验	教育建议	轶事记录
感受多元文化	●引导幼儿学习用平等、接纳和尊重的态度对待差异。如：利用民间游戏、传统节日等，适当向幼儿介绍我国主要民族和世界其他国家和民族的文化，帮助幼儿感知文化的多样性和差异性，理解人们之间是平等的，应该互相尊重，友好相处。 ●尊重幼儿的兴趣和独特感受，理解他们欣赏时的行为。如理解和尊重幼儿在欣赏艺术作品时的手舞足蹈、即兴模仿等行为。当幼儿主动介绍自己喜爱的舞蹈、戏曲、绘画或工艺品时，要耐心倾听并给予积极回应和鼓励。	观察时间： 观察者： 观察对象： 总体评价： □低（初步感知文化现象） □中（初步领会文化观念） □高（文化理解与尊重） 典型事件记录：

表3-5　"醒目教育"幼儿发展核心经验评价量表——自主发展意识

核心经验	教育建议	轶事记录
自我管理	●鼓励幼儿参与自我服务。 ●用幼儿能够理解的方式，示范如何自我服务。 ●提供足够的时间，让幼儿尝试和努力。 ●具体评价幼儿做得对的地方，当幼儿做错或遇到困难时，告诉幼儿具体的、正确的方法。 ●提供温暖的人际关系，让幼儿感到安全。 ●用丰富的词语表达自己的情绪，用语言来描述幼儿的情绪，如生气、妒忌、尴尬、害怕、孤单等。 ●可以批评幼儿的行为，但是一定要接受幼儿的情绪。 ●积极倾听幼儿的表达。 ●示范调控情绪的做法，比如委屈时找别人诉说。	观察时间： 观察者： 观察对象： 总体评价： □低（在成人协助下，做自己能做的事情；能觉知自己的情绪） □中（在成人提醒下，做自己能做的事情；能表达自己的情绪） □高（独立主动完成力所能及的事情；能调控自己的情绪） 典型事件记录：

（续表）

核心经验	教育建议	轶事记录
主动学习	●根据幼儿年龄的水平，引导幼儿说出计划。 ●与幼儿交谈，鼓励幼儿说出不在眼前发生的事情。 ●引导幼儿按照顺序描述事情。 ●无论幼儿挑战结果成与败，都对幼儿尝试挑战的行为予以鼓励。 ●引导幼儿将成功内归因，并讨论成功的具体过程。 ●与幼儿讨论事情的结果，或者可能产生的结果。	观察时间： 观察者： 观察对象： 总体评价： □低（表达自己的选择；喜欢尝试挑战；能够觉知结果） □中（描述自己将要做的事情；敢于承担挑战；能够理解结果） □高（做具体的计划，并能预估到结果；勇于坚持，完成挑战；能根据结果调整行为） 典型事件记录：

表3-6　　"醒目教育"幼儿发展核心经验评价量表——沟通合作意识

核心经验	教育建议	轶事记录
倾听表达	●激发倾听的兴趣。例如引导幼儿倾听身边各种声音，通过游戏、故事、儿歌、童谣等方式培养幼儿倾听兴趣。 ●创设良好的倾听氛围。作为成人，无论幼儿的表达水平如何，都应该耐心、认真地听幼儿讲完；并在倾听幼儿的过程中给予反应。 ●教幼儿有目的、有意识地去听。通过一些听说游戏让幼儿学习有意识倾听的技巧；在交代幼儿做事情时，提出具体的要求和目标，培养幼儿有意识地去倾听。 ●给予足够的时间和空间让幼儿充分表达。不轻易打断幼儿说话；多提开放性问题让幼儿充分表达自己的想法；借着故事、电视等其他生活素材与幼儿沟通。 ●引导幼儿清楚地表达。当幼儿不能清楚表达时，成人应该帮助幼儿理清思路并清晰说出来。 ●提供丰富的阅读材料。比如故事、绘本、诗歌、儿歌、绕口令等，让幼儿从听觉、视觉上接触多种体裁的儿童文学作品。	观察时间： 观察者： 观察对象： 总体评价： □低（专注性倾听；敢于表达） □中（回应性倾听；乐于表达） □高（理解性倾听；善于表达） 典型事件记录：

（续表）

核心经验	教育建议	轶事记录
解决冲突	●提供无压力的环境鼓励幼儿大胆说。当发生冲突时，成人不要急于介入，给予宽松、无压力的环境，让幼儿说清楚事情的来龙去脉。 ●结合具体的情境，指导幼儿学习交往的基本规则和技能。比如当发生冲突时，可以用协商、交换、轮流玩、合作等方式解决冲突。 ●引导幼儿学习换位思考。当幼儿之间发生矛盾时，引导幼儿想想："如果你是那个小朋友，你有什么感受？"让幼儿学习理解别人。 ●根据幼儿性格特点进行引导。当幼儿之间发生冲突时，成人应先根据幼儿的特点使其情绪趋于平和、冷静。	观察时间： 观察者： 观察对象： 总体评价： □低（与同伴发生冲突时，能听从成人的劝解） □中（与同伴发生冲突时，能在他人帮助下和平解决） □高（与同伴发生冲突时，能自己协商解决） 典型事件记录：

表3-7　"醒目教育"幼儿发展核心经验评价量表——善用工具意识

核心经验	教育建议	轶事记录
解决问题	●让幼儿有机会见识到多种工具，包括传统工具、现代化工具和智能工具。 ●让幼儿有机会遭遇问题。 ●当幼儿遇到问题后，提供充足的自我探索时间。 ●提供多样的工具和物品（包括传统工具和智能工具），并且让幼儿了解工具的用途。 ●示范用工具解决问题。 ●强调智能设备的工具性作用，淡化娱乐性作用。	观察时间： 观察者： 观察对象： 总体评价： □低（知道工具能帮人解决问题；感受和体会智能工具的有趣） □中（用多样的工具解决问题；感受和体会智能工具的有用） □高（围绕问题自主设计和开发工具；感受和体会智能工具的有效） 典型事件记录：
表达想法	●提供多种材料，鼓励幼儿表达。 ●创设适宜的空间，便于操作和展示。 ●以幼儿能够理解的水平，示范如何用工具表达想法，如文字、绘画、雕塑、音乐等。 ●不限制幼儿的表达，不否定幼儿的表达。 ●对幼儿的作品具体评价，引导幼儿说出想法。 ●提供幼儿能够理解的展览作品，并讨论。	观察时间： 观察者： 观察对象： 总体评价： □低（模仿性地表达想法） □中（领会性地表达想法） □高（创意性地表达想法） 典型事件记录：

第四章

探索"醒目"课程

幼儿园课程是学前教育思想、教育理论转化成为教育实践的中介或桥梁，是实现幼儿园教育目标的载体，是幼儿园教育的核心和实施学前教育的途径，具有课程的共性，也有其自身的独特之处。

学前教育改革也是以课程改革为突破口进行的，"醒目教育"课程是在国家课程改革的背景下对区域课程的一次探索实践。

第一节 编制教材与课程的过往经验

随着教育理念的转变，中国幼儿园在20世纪90年代开始陆续把教材改成课程。我已经不是第一次编制区域课程，其实早在1986年—1988年在福建省福州市连江县蓼沿乡中心小学扶贫支教的两年时间里，我担当蓼沿乡的学前辅导员（学前班），同时还要兼任蓼沿乡中心小学唯一一个学前班的班主任老师。基于两个岗位的职责要求和工作的需要，我曾做过类似教材编制的工作。

我任教的学前班有50位孩子，只有我一个老师负责全面工作，上学与放学、上课与下课的时间安排都与小学同步。蓼沿乡共有5所小学，各设有一个学前班，加上我一个，全乡总共有6位学前班教师。除了学期初和学期末的教学工作会议外，还有评教评学和每周一次的固定教研。每周一次的固定教研安排在周六下午，我每次都要召集全乡各小学附设的其他学前班老师（全部非专业，多数是初中毕业的代课老师，都非常年轻）来一次集体教研。在我记忆中，她们非常纯朴，从来没有缺席，总是很兴奋，乐哈哈的，做任何事情都是笑着做，教研的气氛也因她们阳光的性情显得特别宽松融洽。

整个下午的教研时间约4小时，分三个环节。第一个环节是汇报了解各学前班上一周的教学情况，大家各自将上一周集体学习的教学内容和教案的实施情况做汇报，同时要大家提供在执教过程中的修改记录和学生的作业，以便我了解情况，并针对实际情况进行反省和调整进度内容，印象中教研老师都会不约而同地表扬认真且做得好的老师，没有批评过哪位后进的老师。第二个环节是布置下一周教学工作，先是教的环节，我将设计好的下周要上课的全部内容，手把手一节课一节课教会她们。当时教育资源极其匮乏，只有我一个人受过专业教育和带有一套人民教育出版社出版的幼儿园教材（按照语言、计算、体育、常识、美术、音乐，游戏七门学科编写）。我从中节选了一些内容，在目标上略做调整或重新设计（因山区的孩子和城里的孩子不一样），并加入一些本地的童谣、民间游戏、山歌、麦秆编织之类的内容，然后大家抄写教材和教案。

回顾山区两年支教生活，物质上是清贫的，然而精神上是丰富而多彩的，特别是教研活动，带给我的都是满满的幸福回忆。基于当时学前教育资源的窘况，我设计的教研活动，特别是编制手抄版的教材经历，更是难以忘怀。虽然说依然存在"小学化"的问题，高预设的学科集体教学，但是面对一个学前班里45人左右的6~7岁的学生，能够有秩序、有计划、按部就班地按设计的教学进度组织教学，已经彰显了镇域学前教研活动对教育的有效性。一年后因我的支教行为极明显地提升了当地学前班的教育质量，被教育局和当地妇联及老师们认可。因此全县组织老师来到偏僻的山区——蓼沿乡观摩教学，并受到当地政府的好评。支教一年后，我又与当地妇联一起积极策划和筹办，成立了蓼沿乡第一所中心幼儿园，开始招收小班、中班、大班的孩子，结束了蓼沿乡只有学前班，没有幼儿园的历史。

我第一次编制教材时，依据《幼儿园教育纲要（试行草案）》中教育内容的规定，依据一定的教育原则，基于当时学前班教师没有经过专业学习的实际情况，提前一周预先设置好教学目标；围绕情感、态度、知识和技能，做好教学准备工作；统一设计教学目标、内容，做好教学准备；设计组织实施，向全体学生实施同一规定、同一方向、同一标准的集体教学；同时还增加一些适宜的本土资源内容，彰显出教材的鲜活性。这些都受到老师和学生的欢迎，给我留下了深刻而美好的记忆。

现在想起来，当时只是按照国家课程标准中统一规定的编制的课程内容及规定的课程量，安排以传授方式为主的学科基本知识和技能的学习，培养特定能力，教学方法上基本以"读、写、算、画、记"为主，学习方式也是教师讲、幼儿听，教师教、幼儿学，布置作业、练习和纠错。面对6~7岁的孩子，我们采用的基本组织形式是传授式的填压，很少采用游戏手段组织教学，也不考虑孩子的主体性和学习的积极主动性，都是按照统一编制的教材和教学进度进行教学，孩子学习非常被动，限制了孩子的独立自主性和创造性发挥。

第二节　"醒目"课程四次实验

作为一名普通的幼儿园教师、园长，我在教学和管理工作之余开始进行碎片式的思考和实践，获得了许多宝贵的经验。前期遇到的、获得的这些看似微不足道的事情和经验，让我看到"醒目"之于幼儿教育的魅力，"醒目"符合幼儿的学习方式和特点，符合幼儿教育规律，这进一步加强和积储着我对"醒目"的研究热情，使"醒目"成为我终身从事学前教育事业的命运红丝线，成为我对学前教育的态度由工作与责任变成使命的媒介，这是我不断感悟学前教育真谛而发生的转变。在5年半的时间里，我进行了四次课程改革实施。

一、第一次实验：从学科入手浅探

1995年2月我正式到广州市原芳村区教工幼儿园工作，因我不会讲粤语，黄园长就照顾我，不安排我担主班，而是安排我担任全园六个班的音乐专科老师。因我讲普通话，孩子们听不懂，孩子们讲粤语，我也听不懂，在语言沟通上非常困难，我只能尽可能用钢琴声作为音乐活动的指令式语言，通过多次视唱练耳、打击乐等活动，我发现孩子对声音的敏感度增强，听音能力得到提高。此时又安排我向全区上一节公开课——大班打击乐活动《我爱北京天安门》，这次公开课非常成功，有点轰动，围绕这节课，我还写了一篇论文，被汇编进广州市中小学论文集。通过一学期的倒逼式摸索和尝试，我建立起一套用琴声指挥教学的常规，让我感悟到："听音"的能力可以提高，琴声也是一种沟通语言。人的耳朵也是可以"醒目"的，"醒耳"是可以培养的。

二、第二次实验：从大型活动入手浅探

1996年9月我被调动到原芳村区艺术幼儿园担任园长，一做就是四年。在这期间，因有了一间幼儿园做研究平台，让我可以更好地探讨"醒目"课程，主要是通过音乐教育（全园音乐、文艺汇演）、体育活动（操节）、语言阅读活动等领域开始探索"醒目教育"，也取得了一些成效。"醒目"是可以通过设计规划好的课程进行培养的。

我接管的是一间因办得不好被家长投诉而被教育局接管的私立幼儿园，全园只有43位孩子，小班、中班、大班各只有一个班，园内教学处于自由散漫状态，孩子在园时间，除了日常生活，其他时间几乎都是自己在玩那几件少得可怜的玩具，要说有教学，那也只是画画、读儿歌和做算术题，整个幼儿园死气沉沉，没有孩子开心的吵闹声，安静得不像幼儿园。

于是我开始了一系列整顿和规范，改造园所环境，建立教研制度。备课、

研课、评课成为常态，每学期初设计安排全园课程，并对教师教学及期末幼儿发展情况进行随班观测和听课考核。每学期还制度化地向家长展示汇报一学期的学习成果，开展宣传性质的展示表演活动，突出了艺术课程和艺术展示。园所日渐有了良好的生机，呈现出欣欣向荣景象，生源逐渐爆满，至2000年达到223人之多。

三、第三次实验：从生成课程浅探试水

2000年8月，我又一次被组织安排调动到芳村幼儿园担任业务副园长，根据幼儿园的实际，开始从自主活动、幼儿发展评价、认字阅读这三方面探索"醒目教育"，让我感受到"醒目"是可以通过设计好的课程进行培养的。

2000年8月因分流调到的芳村幼儿园，是一间优秀的幼儿园。园区管理到位，各项工作井然有序，教师敬岗爱业，经常承担教育局安排的公开展示和接待参观的任务；教学工作安排紧凑，研教、研学气氛浓厚，幼儿园当时正承担广州市教育局幼教处的"幼儿发展评价"项目研究。但课程安排的都是教师高控的预设性集体活动，没有生成性课程，幼儿几乎处在被教师高度控制的状态，在幼儿园内没有自由自主的时间和空间。我当时提出了关注生成课程和每天给幼儿一定的自主活动时间的课程设置思想，在每个班级对幼儿发展进行每月一评，为了研究，我一如既往利用午餐时间配班的半小时，延续原先的认字阅读研究等。

与教师高度预设的课程相比，真正富有实际意义和价值感的课程，应该就是这种自然又不失鲜活的生成性的内容。这是孩子们在鲜活的情境中融情融行的课程，是顺应孩子们情绪、兴趣、需要、经验、习惯和行为取向的课程，是在与环境交互作用中幼儿自主产生的课程，是幼儿自己生成的，以幼儿为主体的课程。幼儿能想方设法自己解决问题，从活动中得到乐趣，获得有益经验，促进成长。例如：

> 有一天，大班的罗老师带孩子们去户外散步，途中他们遇到一只飞不走的小鸟，一下子就吸引了孩子们的注意力，他们七嘴八舌地议论开了，秩序一下乱了，几个胆大的小朋友一边跟老师说："老师，我们把小鸟抱回来，它一定生病了。"一边没等老师答应，就蹑手蹑脚地把它拾回来了。

图4-1 "小鸟放飞"活动中的学生作品

教师作为本次救援活动的支持者和辅导者，引领孩子完成这次救治小鸟的活动。兴趣是最好的老师，这是亘古不变的真理。当孩子对救治小鸟这件事感兴趣时，他们那一天会将所有时间都围绕这件事转，表现出无限的热衷，牵肠挂肚，不断发现问题，并尝试解决问题。在这次救治小鸟的生成课程中，罗老师组织了全班小朋友进行讨论，引发出一系列问题，了解孩子的兴趣点和探究的愿望后，将全班小朋友分成几个小组分工解决问题。被老师和小朋友一起精心照顾的小鸟，很快恢复了健康。罗老师又组织了一次"小鸟放飞"活动，这个生成课程我全程参与，为此，我还写成文章发表到了《现代育儿报》。

生成课程使老师更加重视瞬息即逝的有宝贵教育价值的事件，关注孩子对整体事件的强烈兴趣和积极主动的学习热情。这样一来，一切开展起来就那么自然，融洽和乐，使学习变得精心设计又随性随意，收到意想不到的效果。

四、第四次实验：从自主活动中浅探试水

幼儿园将餐后的15~30分钟时间交给幼儿自主安排，让他们自己选择做什么、怎么玩、跟谁玩，可以是自己一个人玩，也可以是选择和好朋友一起玩，整个活动过程老师不干预，幼儿轻松自如，犹如在自己家中一样，我发现还有个别小朋友喜欢在这段时间选择上洗手间，解决"大问题"。

自主游戏活动让孩子获得更多自主管理的机会，使孩子成为学习的主体，自己掌握时间，自己挑选地方，自己选择玩法和做法，自己收拾玩具，自己掌控自己，自己是自己的主人，这种自主建构、自主规划、自主交往、自主管理资源、自主表达表现，对孩子的成长比只学习一些知识点更有价值。

虽然这段时间的自主游戏还未能上升为课程层面，仅仅是减少一日对幼儿高度控制的活动，给予幼儿一点点能够自己管理和控制时间的空间和机会，但我们看到了孩子们的主体性价值和发展性价值，看到孩子们在短短的餐后自主游戏中呈现出的主动、积极、快乐和富有创意的魅力。

五、草耕浅探试水感悟

从作为一名老师，为了追求教学效率调整教学策略，进行"醒目教育"尝试，再到作为一名幼儿园园长，为了提高幼儿园保教质量，促进内涵发展，在幼儿园层面悄然进行教学创新，创新性地增加新形态的课程项目，这在当时的幼儿园来说是新鲜事。两次的尝试和探索，并没有声张和刻意安排，而是自然而然地融入到幼儿园原有的教学活动中，就是这样，也取得不小的成效，在区的各项活动中表现精彩，竞赛也获奖。这两次幼儿园小小的课程改革，没有任务驱动，纯属自己对专业的看法，对幼儿的研究和个人工作创新的爱好，也让我感受到"醒目"是可以通过设计好的课程进行培养的。

这些变化，在我看来增强了幼儿对身边人情事物的关注与留意，让他们能积极主动地融入环境，成为情境中学习的积极主动者，用五官感应世间生活环境，并积极主动投入，按自己所思所想，来做些自己想做的事，积累宝贵的人生经验。幼儿真正走进并保持在活生生的环境中的觉知，与此同频道，而不是如过客一般，由此达成了与所处的环境协调融洽。

第三节 区域"醒目"课程的探索历程

2002年3月，我离开园长岗位调入到区域教研室担任学前教研员工作。为了培养"醒目仔"，让幼儿园课程脱离"小学化"，使幼儿能够主动学习、快乐学习，我决定申报课题，通过课题带动，带领团队，组织编制区域地方课程，进行培养"醒目仔"的系统课程研究。

1995年—2001年自己尝试心态下的草耕行动中，进行零散的、碎片式的醒目课程实验，收获了"星星之火可以燎原"的点点经验，但前期遇到的和获得的这些看似微不足道的事情和经验，却让我看到"醒目"之于教育的魅力，也不断在加强和积储着我对"醒目"的研究热情，"醒目"成为我终身从事学前教育事业的命运红丝线，是感悟学前教育真谛而发生联结的机缘。

为了让孩子们快乐幸福，脱离不适宜的"小学化"学习之苦，自由自主地玩耍和在游戏中快乐学习，还给幼儿快乐幸福的童年，我怀着培养"醒目仔"，实施"醒目教育"的信念，开始系统研发"醒目"课程。出发—前行—再出发—再前行，我宛如一位虔诚的信徒，全身心投入，坚定不移，朝着心中的方向，五体投地，用身长丈量大地，一步步靠近目的地，从2002年出发至2019年，经历18年，以8个课题带动，倾心研究，完成了地方文化资源的课程编制，本节简要回顾区域"醒目"课程探索的几个历程。

一、区域"醒目"课程 1.0 阶段——《水秀花香　新芳村》

表4-1　2005-2006年《水秀花香　新芳村》课程研发成果

课题名称	课题性质	立项编号	研究时间	主要成果
幼儿园地方课程资源的研发与应用研究	区级课题	02—22—02	2002年5月—2005年6月	《水秀花香　新芳村》地方课程资源
《水秀花香　新芳村》幼儿园地方课程资源	省级课题	2005—006	2005年7月—2006年6月	《水秀花香　新芳村》地方课程资源教师指导用书

1. 研究概要。

我和研究幼儿园（芳村幼儿园、儿福会幼儿园、教工幼儿园、东漖幼儿园、西塱幼儿园、广钢幼儿园、广船幼儿园、杏花幼儿园）的教师团队，从2002年投入研究，于2005年终于全面完成，正式出版研究系列成果《水秀花香　新芳村》地方课程资源教师指导用书、《水秀花香　新芳村》小、中、大班上下册教材共六本、《水秀花香　新芳村》师生地方资源画册集，举行了隆重的结题报告会，以优异成绩顺利结题。

2. 解决的主要问题。

本次研究基本解决区域幼儿园教师教育缺乏地方课程的问题，研制了一套反映广府文化特色的原芳村区地方资源，涵盖了符合幼儿认知特点、具有最典型特征的内容，制作出符合现代课程先进理论的、普惠的、简便的、易操作的师生教学指导用书。

3. 解决问题的过程与方法。

课程研制关注四种基本成分：其一，基于幼儿真实生活情境中人、事、物的浅显而基本的知识经验；其二，基于幼儿特点的活动方式，以游戏为基本活动，获得行动经验；其三，关于发展智力、提高各种基本能力的经验；其四，关于对待世界（包括自己）和活动的态度，即情意方面的经验。按以上课程内容的四种基本成分，编写反映区域地理地貌、历史民俗、艺术文化、风土人情、经济特色、建筑交通等适宜幼儿教育的典型教育内容。

4. 成果创新点。

（1）课程编制上有创新点，能够从情感、态度、知识、技能四个维度，获得以直接经验为导向的课程编制模式。

（2）填补一直以来没有地方课程指引和区域课程的空白。

5. 成果应用及留有的遗憾。

区域课程《水秀花香 新芳村》研发完成后，本可以在研究幼儿园实验的基础上，开始更大规模更多幼儿园参与的试行实践活动，进一步建立幼儿园课程实施的地方指引，推进幼儿园课程深入改革，去除"小学化"。然而，2004—2005年适逢广州市开始区域合并工作，最终于2005年9月将原芳村区正式并入荔湾区，因此研究结题后并没有在行政层面正式组织实践检验，只是将课程资源文本材料分发给区属各幼儿园。

二、区域"醒目"课程 2.0 阶段——《荔湾风情（幼教版）》

2005年9月，原芳村区正式并入荔湾区，两区的教育机构也一同合并了，原两区的教研室、进修学校、电教馆、科研中心合并成一个单位——广州市荔湾区教育发展研究中心，2018年又更改为广州市荔湾区教育发展研究院。两个区域合并成一个区域之后，地域空间变大了，资源更丰富了，特别是文化资源更加深厚和突显。

作为一位区域学前教育教研员，要全面履职。在我看来，教研、科研、教学、培训、管理五个方面齐头并进，才能更好更全面地解决教育问题。因此，我一方面继续推进地方课程资源应用于幼儿园教育教学内容上的课程改革，同时也包容幼儿园内已有课程继续使用，同样开展教研。另一方面《水秀花香 新芳村》也继续作为南片（原芳村区）的幼儿园教学自选内容，在园内开展教研、环境创设和教学实践。

基于此，为了南北两片的幼儿园都有共同的荔湾区地方课程，将南北片丰富的地方资源都应用到幼儿园课程资源中，2006年我再次申报课题，继续开始对两区合并后的大区域地方课程进行研发和应用研究。

地方课程《荔湾风情（幼教版）》的研究，历经时间最长，从2006年至

2016年，历时10年，研究过程也最为复杂。为了解决去"小学化"，提高教师专业水平，加强幼儿教育教学管理，从理念、目标、内容、实施等方面全面做好工作，这期间总共申报了3个区级课题、2个省级课题和1个市级课题。概括起来，可以大致分成两个阶段，一个是研究地方课程《荔湾风情（幼教版）》阶段，另一个是实施地方课程《荔湾风情（幼教版）》阶段，并同时为解决课程实施过程中的问题，进行"区域游戏"和"教育管理"两项相关研究。

表4-2　2006—2016年《荔湾风情（幼教版）》课程研发成果

课题名称	课题性质	立项编号	研究时间	主要成果
广州市荔湾区幼儿教育地方课程资源的研发、编写、运用	区级课题	20061307061	2006—2011年6月	《荔湾风情（幼教版）》地方课程资源教师指导用书
《荔湾风情（幼教版）》	省级课题	2007—014	2007年12月—2011年6月	《荔湾风情（幼教版）》地方课程资源教师指导用书六册
《荔湾风情（幼教版）》幼儿园地方课程资源实施研究	区级课题	20131314087-2	2013年9月—2016年7月	自主研发的继续教育课程：地方特色课程的组织与实施——以《荔湾风情（幼教版）》为例，获广州市优秀面授课程奖

（一）《荔湾风情（幼教版）》课程研发

1. 研究概要。

我带领研究实验幼儿园及教师团队（西关幼儿园、西村幼儿园、芳村儿福会幼儿园、芳村幼儿园、荔贤艺术幼儿园、多宝路幼儿园、沙面实验幼儿园、杏花幼儿园），经过一年研究"广州市荔湾区幼儿教育地方课程资源的研发、编写、运用"，已经有了初稿《荔湾风情（幼教版）》地方课程资源教师指导用书。于2007年向广东省中小学教材审查委员会申报《荔湾风情（幼教版）》的课题，获得立项同意编写。2010年终于全面完成研究和编写工作，出版研究系列成果《荔湾风情（幼教版）》地方课程资源教师指导用书小、中、大班上下册课程六册，《荔湾风情（幼教版）》师生地方资源画册集，以及论文、经典教学案例、光盘，顺利结题。

2. 解决的主要问题及解决问题的过程与方法。

再次进行地方资源课程的研究初心是因荔湾区南片（原芳村区）和北片（原荔湾区）的地理区域合并，因此研究要解决的主要问题、过程与方法基本是相同的，依然是解决区域幼儿园教师教育没有地方课程的问题，研制反映广府文化特色的荔湾区幼儿园地方资源。研究从幼儿认知特点出发，选取最有典型特征的地方资源内容，制作出符合现代课程先进理论的，普惠的、简便的、易操作的教师教学指导用书。《荔湾风情（幼教版）》是荔湾区幼儿园开展德育、人文素质教育的区域性课程资料，建议每册执教时间约一个月，执行跨度一个学期，约占一学期总课程量的25%左右，可以与幼儿园其他教材配合使用，同时各位执教老师和各个幼儿园也可根据本教材积极开发园本教材，进一步丰富荔湾区幼儿教育地方乡土课程资源体系。

3. 成果创新点。

《荔湾风情（幼教版）》不仅填补了荔湾区在幼儿园课程指引和区域课程领域的空白，其课程结构设计思想也有创新。《荔湾风情（幼教版）》的主体结构由两个不同侧重点的学习模块组成，分别为"认知与学习"和"研究与实践"。这两个学习模块，能够"为幼儿一生可持续发展，培养具有'金三角'式的智力素质——精博的核心知识（间接经验）、丰富的见识和经验（直接经验）、自学和动手操作能力（实践能力），提供有益的支架式经验"。这是本次课程设计编写有别于其他课程的理念，《荔湾风情（幼教版）》的编辑没有严谨的内在逻辑，也没有依据小步递进的基本原则编写，更没有一般教材高结构性的特点，是一种开放性的课程，其中的所有内容都可以根据本地区实际情况和孩子的兴趣和接受情况，派生出新的内容，因此，教师不能轻易拿来就用，要熟知本地区的风土人情。本课程内容仅仅为教师组织地方资源进行教学提供了一个教育内容的切入点和平台。

4. 成果应用及效果。

历经4年，通过"教研、科研、教学、培训、管理"五位一体，齐头并进，幼儿园使用地方资源作为教学内容和教育环境的意识不断加强，幼儿园教育教学逐渐更加关注让幼儿在真实的生活情境中生动活泼地学习。

（二）《荔湾风情（幼教版）》课程实施

研制课程是为了实现预期的教育目的，课程的有效实施是实现预期教育结果的手段。因此，研制完成的区域醒目课程《荔湾风情（幼教版）》，在实施过程中会遇到哪些问题？课程方案中所设计内容是否适宜？落实程度如何？幼儿园教师是如何理解和运用课程？实施的效果如何？课程实施是否有效实现学前课程改革，去除"小学化"？为此，我在前面研究的基础上，继续深化完善，申报了"《荔湾风情（幼教版）》幼儿园地方课程资源实施研究"课题，将编制好的课程计划付诸实践，期待实现预期的课程理想，达到预期的课程目的，实现预期的教育结果。

1. 研究概要。

《荔湾风情（幼教版）》幼儿园地方课程资源实施研究课题的研究目标明确，研究思路清晰，研究方法恰当，研究过程扎实。课程开发团队能够根据新时期幼儿教育课程改革的需要，结合本区域的优势和亮点，在已实施开展了地方特色课程资源研究的基础上，充分依据政策和教育理论支撑，整理、编辑成适合幼儿学习、成长的教育资源用书，通过广州市继续教育平台，开展教师组织与实施的培训工作，通过区域组织的"幼儿园常态活动案例的园本行动研究"，开展研教研学，探索出课程实施生活化、游戏化、活动化、操作化原则，并在全区幼儿园推广实施，提升了教师的科研能力和研究地方特色课程的意识及实践水平，扩大了研究成果的推广运用，获得了幼儿园和社会的认可，使地方资源在幼儿园课程中的应用蔚然成风。然而，本次课程开发和实施的理论指导不够，对动态性课程实施过程中生成性资源和成果的即时捕捉不够，还需要进一步拓宽研究视野，扩大成果的区域适用范围。

2. 解决的主要问题及解决问题的过程与方法。

在区教育发展研究中心课题组的直接负责统筹组织和业务指导下，成立《荔湾风情（幼教版）》课程实施的研究园，做好修改完善和实施工作，打造我区学前教育地方课程特色。各研究园要根据我区研究工作计划，指定专人负责组织与落实，积极开展研究和实施课程活动。

全区在研究园的带动下，开始实施荔湾区地方特色课程《荔湾风情（幼教版）》，探索能够根据幼儿年龄特点，符合《指南》要求的幼儿园教学内容和组织形式。

开展课程实施的教师培训工作。借助被评为广州市优秀面授课程——地方特色课程的组织与实施"以《荔湾风情（幼教版）》为例"的课程资源，在市的继续教育平台上，对教师开展实施：地方特色课程的组织与实施"以《荔湾风情（幼教版）》为例"的专项全员培训，并利用现代信息技术，建立微信、QQ群，开展泛教研。

在课程实施过程中，通过区域常态课例的行动研究方式，评选优秀地方特色课程课例，进行拍摄录制，完成《荔湾风情（幼教版）》课例集光盘，以期给幼儿园更直接的指导。

在课程实施过程中，注意以文字、录音、图片、录像、光盘、课件、作品等手段进行各方面资料的收集、积累和整理（含特色区域创设材料、幼儿活动经典片段、活动方案、教具、学具、教师和家长培训资料、教研成果等），为后续正式出版教师用书和征集、遴选优秀的教学配套材料（视频材料和文本参考材料）做准备。

结合常规教研工作和区保教质量监测评价，开展教学视导（重点放在课程内容中是否包含地方性课程内容，是否关注区域活动开展，课程实施是否体现游戏化、生活化、区域操作化等），规范幼儿园课程管理，改善教育环境，合理安排一日活动。

三、区域"醒目"课程 3.0 阶段——《幼儿园室内区域游戏的开展及材料设计》

在地方课程《荔湾风情（幼教版）》实施过程中又出现了新问题：一是课程如何游戏化实施的问题。游戏化还是课堂集体教学，是新旧教育观的分水岭；二是幼儿教育要提高管理，提供优质的教育，以质量强园，促进内涵发展；三是《指南》对防止和克服学前教育"小学化"现象提供了具体方法和建议，贯彻《指南》去除"小学化"的呼声和督查力度不断加强。

在这种背景下，为了提高幼儿园保教质量，促进内涵发展，更好解决《荔湾风情（幼教版）》实施过程中游戏化程度不够的问题，推动和指导幼儿园通过园本教研提高教师游戏化执教水平迫在眉睫，我带领团队围绕提高幼儿园管理水平、教师专业素养和课程游戏化三个方面，先后申报了荔湾区规划课题、广州市规划课题和广东省规划课题。

申报的荔湾区规划课题和广州市规划课题，课题内容相同，只是课题级别不一样，申报和批准立项的时间都差不多，这两项课题都围绕提高教师专业素养和教学有效性问题展开，以"幼儿园常态区域活动的园本行动研究"形式，开展了对幼儿园室内区域游戏和游戏材料的设计研究，通过这种现场教研，帮助教师在课室规划设置区域游戏，组织每天持续一小时以上的区域游戏，把幼儿园课程推向游戏化。研究成果形成多篇论文，公开出版教师指导用书《幼儿园室内区域游戏的开展及材料设计》。

广东省规划课题是"民办幼儿园可持续发展的策略研究"，研究成果之一是"教科研兴园，保教质量强园"，从如何规范教育管理、开展教科研活动、组织教师培训、开展教学研究等几个方面进行了研究，将研究成果写成论文在核心期刊公开发表，并随培训之处宣讲，指导保教质量提升工作。下面对我申报的课题以表格方式进行简介。

表4-3　2011—2018年《幼儿园室内区域游戏的开展及材料设计》课程研发成果

课题名称	课题性质	立项编号	研究时间	主要成果
区域性有效推进园本教研开展的策略研究	市级课题	10B052	2011年9月—2018年2月	《幼儿园室内区域活动的开展与材料设计》教师指导用书
民办幼儿园自主经营与自主发展中存在问题的研究	省级课题	2010tjk252	2011年9月—2016年7月	论文《试析新常态下的民办幼儿园自主发展——以广州市为例》（2016年3月发表在《教育导刊》）

（一）园本教研——幼儿园区域游戏的开展

1. 研究概要。

《荔湾风情（幼教版）》在实施过程中的问题显而易见，就是"穿着新鞋走老路"，现实与理想的距离不小，成效并不大。一次又一次的教研和培训，虽然让教师在思想层面上明白了道理，把新理念装在了心里，但他们仍然无法把这些理念真正落实到教学的行为中。

2. 解决的主要问题。

（1）教师被动执行课程，采用以"教"定"学"的方式，而不是以游戏为活动方式，实现玩中学，对已提供的教材资源，缺乏再加工的能力。

（2）如何把教育目标物化在环境和材料中，开展自主游戏，将《荔湾风情（幼教版）》以生活化和游戏化方式来实施，从而提高课程实施的科学性和有效性。

3. 解决问题的过程与方法。

（1）连续开设两个继续教育课程——"小区域　大教育"，落实区域游戏的开展。

（2）通过教研会开展区域游戏材料设计，助推游戏活动的开展。

4. 成果创新点及其应用与效果。

以继续教育课程形式开展教师全员培训，推进课程改革的力度，以教玩具材料设计比赛，鼓励开展区域游戏。这两种方法有一定的创新点，取得了良好的效果。

区域游戏是一种开放的、独立的、自由自主的学习活动，幼儿的主体性、学习的积极主动性得到体现。教师游戏意识得到加强，使得区域内幼儿园的每个班级都不同程度为幼儿创设了自主游戏的区域，去除"小学化"从口号转化成行动，得到有效落实。

（二）幼儿园可持续发展的策略研究——优质发展

我国的民办幼儿园数量庞大，占比高，是我国学前教育的中坚力量。荔湾区的民办幼儿园也同样占比高，但发展不均衡。受政策和市场化的双面影响，在近年的学前教育三年行动计划中，民办幼儿园的自主发展因存在缺乏长远规划、价值定位不清、急功近利等问题，出现了办园不规范，办学质量不高，以经济效益为首等情况。如何端正办学思想，将教育效益摆放在办学的第一位？我申报课题进行研究。

1. 研究概要。

受到政策和市场化的影响，幼儿园发展呈现出办学质量参差不齐，繁荣与混乱并存的局面，也存在高品质高内涵和低质量看管式的二级分化现象，在学前教育三年行动计划的新常态下，依然是不可调解的矛盾和问题。本研究从民办幼儿园在自主经营和自主发展中，关于定位和发展的价值取向问题，提出依法行政、持续发展的"五大动力系统"分别是：规范办园、教科研强园、特色立园、活动兴园、文化塑园，使民办幼儿园由小变大、由弱变强，获得内部持续发展的动力，使民办幼儿园和政府办幼儿园一样以教育效益为先，惠及幼儿健康发展。

2. 解决的主要问题以及解决过程与方法。

为解决办学不规范、教育质量不高、特色和文化建设弱等主要问题，应采取规范办园、教科研强园、活动兴园、特色立园、文化塑园等策略。

3. 成果创新点。

在学前教育三年行动计划的新常态下，明确了民办幼儿园对保教质量日益追求的迫切性和使命感。面对政策倒逼和市场变化的局面，将使民办幼儿园面临重新洗牌，在自主经营和自主发展中不得不从单一关注生存和追求利润中，走向聚焦保教质量提升、特色打造和文化建设，并思考长远持续发展的内部动力问题。民办幼儿园的发展有利于我国学前教育整体走向专业化和有质量发展，促进孩子健康成长。

4. 成果应用及效果。

课题公开发表了研究成果的论文并开发了继续教育面授课程《幼儿园持续发展的五大动力系统》，对幼儿园办学应以教育效益为先以及怎样促进幼儿园持续发展等问题，通过论文和报告进行了宣传。

四、区域"醒目"课程——《醒目仔 识广府事》

《荔湾风情（幼教版）》的实施按计划逐步进行，成效日渐明显，这时适逢广东省教育厅和广东省财政厅联合下发《关于组织申报2015年基础教育课程改革项目的通知》，确立申报广东省《指南》实验区项目。广东省《指南》实验区是广东省基础教育课程体系改革的项目之一，为进一步提升荔湾区学前教育质量，我代表荔湾区教育局组织申报了广东省《指南》实验区项目并获得立项。

表4-4 2015-2017年《醒目仔 识广府事》项目申报

课题性质	课题名称	立项编号	研究起止时间	与区域"醒目"课程相关的成果
广东省基础教育课程改革实验区	《指南》背景下广府文化特色的幼儿园课程资源研发与实践	2017JJKGJX166	2015年9月—2017年9月	《醒目仔 识广府事》幼儿园地方课程资源

1. 研究概要。

本次广东省的《指南》实验区工作将成为推动荔湾区开展新一轮幼儿教育课程改革的动力，既是验证《指南》先进教育理念和教育指导思想、实施科学教育行为的过程，也是一个探索、创造和建设教育改革的实践过程。按照广东省对《指南》实验区的具体要求，荔湾区下发了《关于印发荔湾区实施广东省〈3~6岁儿童学习与发展指南〉实验区的工作方案的通知》，确立了在教育行政部门和业务管理部门共同组织下，从课程改革入手，重点探索《指南》背景下，如何推动具有浓郁的广府文化特色的区域性幼儿园课程的发展及具体实施方式，以区域为整体，以地方特色课程为载体，带动幼儿园贯彻《指南》，实施课程改革，落实科学保教的策略和有效保障机制。

《指南》实验区围绕以下三个目标开展工作：

进一步加深幼儿园教师对《指南》精神的理解，提升教师保教实践能力。指导并帮助幼儿园教师根据幼儿的生活经验，合理利用身边的广府文化资源，将教育目标与内容渗透进幼儿园的各项活动中，按照幼儿的学习兴趣与发展水平，科学设置学习区域，提供适合幼儿年龄特点的学习环境与材料，合理安排和组织幼儿一日生活，切实把《指南》精神转换为教师的教育行为，真正促进幼儿身心和谐发展，从整体上提高我区幼儿教育的质量。

进一步加强幼儿园管理、教学研究和教师培训，提高保教质量。立足我区实际，探索具有广府文化特色的学前教育课程资源，以深入贯彻落实《指南》精神，并以此为切入口，探索幼儿园课程体系、日程安排和组织方式。指导各类幼儿园开展教育教学研究，逐步解决影响幼儿园教育质量的问题，纠正和防止学前教育"小学化倾向"，打造充满活力的富有区域特色的地方课程，形成我区幼儿园课程改革和发展的良好机制。

进一步加强正确学前教育理念的宣传，形成家园共育的良好社会环境。引导社会各界正确认识和理解学前儿童学习与发展特点及规律，指导和帮助家长科学育儿。探索一条幼儿园与社区、与家庭、与社会环境相互作用和互相依托，共同构建、共同使用幼儿园教育资源，并共同发展的有效途径。

2. 解决的主要问题以及解决过程与方法。

在实施《荔湾风情（幼教版）》的过程中，最大的问题是"穿着新鞋走老路"。究其原因，是教师只会遵照提供的教材来教学，对已提供的教材资源缺乏再加工的能力。如何把教育目标落实在环境和材料中，开展自主游戏，将《荔湾风情（幼教版）》以生活化和游戏化方式来实施，提高课程实施的科学性和有效性，是本次课题的主要研究方向。

3. 成果创新点。

《醒目仔 识广府事》完善了区域醒目课程，形成了区域"醒目"课程的教育主张，区域学前特色的话语体系和行动纲领，构建了中国本土原创的学前"醒目教育"思想。

4. 成果应用及效果。

研究成果荣获广州市二次基础教育教学成果奖和优秀面授课程奖、广东省教学创新成果奖和"GDJYSD"科研成果等。成果针对地方课程缺失、地方资源课程化意识不强和"小学化"现状，经历从现象—经验—理论—实践的反复探索，提出了"课程重构 魅力游戏"的学前教育课程改革理念，明确了"什么知识是最有价值"，构建了区域"醒目"课程体系，提炼出"目为醒之源 醒为目之成"的本土原创学前醒目教育理论，填补了地方指引的空白。成果从大湾区优秀文化和新时代精神中汲取营养，把"醒目"作为目标和方法，贯穿教学各个环节，明确了大湾区背景下"醒目教育"区域课程的内涵与要素、价值取向和实践路径，实现对国家和广东省课程标准的地方补充，并作出了实际贡献。成果经过13年在全区110所幼儿园的推广和实践检验，对贯彻国家课程标准、去除学前教育"小学化"、"培养醒目儿童 让幼儿离苦乐学"的教育初心、提升教师专业素养、提高幼儿园和区域学前教育保教质量等方面都有突破性的社会成效，逐步形成可复制、可推广的区域学前教育课程范例和品牌，辐射到省内外部分地区，产生较大影响。成果被中国教育科学研究院等高校专家论证，认为是具有创新成效的中国少有的区域性研究。

五、区域"醒目"课程——"醒目"大操节

"醒目"大操节的研发工作，与过往有所不同，是我带领课程开发团队通过教师的继续教育培训工作来进行的。于2018学年度第二学期向荔湾区教育发展研究院申报了"醒目课程之大班级'醒目大操节'的研制"这一继续教育面授课程的开设，在区域内大公办幼儿园大班级教师间进行研发式培训工作，并于课程结束后，组织参与单位开展了"'醒目'大操节"展示表演，使醒目大操节课程在更大范围被更多教师认识。

第五章

"醒目教育"课程构建

幼儿学习方式有独特性，什么样的课程才会让孩子主动学习呢？

本章从幼儿园课程概论、"醒目"课程的基本理念、课程目标、课程实施的教学原则、对课程实施中教师的作用的认识、课程实施操作步骤这几方面来谈谈"醒目"课程构建思考。

课程是关于教学目标、教学内容、教学方法和教学评价的一个系统，是教育思想、教育理论转化为教育实践的中介或桥梁。教育实践常以课程为轴心展开教育改革，也常以课程改革为突破口进行。幼儿园课程是实施幼儿园教育的核心，是实施学前教育的主要途径，承载着促进幼儿适宜发展的重任，直接反映幼儿教育性质。课程不仅具有课程的共性，也具有其自身的独特之处。幼儿园课程的实施要配合幼儿主动学习展开。

幼儿教育目前还是非义务教育，课程也是非义务性课程，不具有强制完成性，有一定程度的灵活性，有其自身的独特之处，是基础教育课程的基础部分。幼儿园课程面对生命活动力强大的3~6岁的幼儿，他们具有特殊性，课程实施要以幼儿主动学习为前提展开。因此，幼儿园的课程应该着眼于未来，并具有根基性质，是全面的、基础的和启蒙的。

第一节　区域"醒目"课程组织及编制

我工作的地方在广州市荔湾区，是广州老城区，20世纪90年代之前，多数幼儿园教育教学都是以粤语为基本语言，我结识了粤语"醒目"一词，在工作中不断探索，加深了对"醒目"一词的感知，并逐渐形成深刻认识，树立了"培养醒目儿童　让幼儿离苦乐学"的信念，围绕去除学前教育"小学化"，让幼儿快乐学习的问题，思考如何编制"醒目教育"的区域课程。下面谈谈对"醒目"课程编制的思考。

一、对地方课程的认识

地方课程是指地方各级教育主管部门根据国家课程政策，以国家课程标准为基础，在一定的教育思想和课程观念的指导下，根据地方经济、政治、文化的发展水平及其对人才的特殊要求，充分利用地方课程资源而开发、设计、实施的课程。它是不同地方对国家课程的补充，反映了地方和社区对学生素质发展的基本要求，具有鲜明的地域色彩，服务于地方，立足于地方，归属于地方。地方课程目标是在不能违背国家课程目标的大前提下，致力于进一步提高本地的办学水平与教育教学质量。

我国地域辽阔，不同地方经济、文化发展水平差异极大，可供利用的课程资源也不尽相同。地方课程要发展，就要求各地、各社区教育主管部门必须充分研究掌握地方社会、历史、文化、经济条件和现实状况，才能挖掘地方课程资源，设计出充分体现地域特色的课程。

从国家对基础教育课程三级分的要求来看，"醒目"课程属于地方课程范畴，是广州市荔湾区幼儿园的区域课程，是在区教育局、区教育发展研究院的领导下，根据国家课程政策，以国家课程标准为基础，在"醒目教育"理念及其课程思想的指引下，经过18年的探索，编制而成的区域课程的样本和范例，是根据广州市荔湾区的经济、政治、文化的发展水平及其对人才的特殊要求，充分利用地方课程资源而开发、设计、实施的区域课程。"醒目"课程是荔湾区对国家基础课程的区域补充，反映了荔湾区地方和社区对幼儿素质发展的基本要求。

二、对课程组织的要素认识

幼儿园课程组织就是指要对一切有幼儿参与的教育性活动进行编排、组合和平衡，以使其结构化或系统化，从而优化教育效应的过程。

（一）对幼儿的认识——儿童观

大人不懂孩子做的一些调皮古怪、不可理喻的，甚至带有"破坏性"的事情。孩子们乱翻东西，把家里搞得一团糟，删掉电脑里的存档，摔坏模型，划烂屏幕……他们的叫喊声让大人们毫无办法。面对着"屡教不改"的孩子和捣蛋后的战场，只好带着一脸无奈的笑容说一句"熊孩子"。其实，孩子的这些行为，很多都是一种探索性学习活动，他们可能根本不知道自己做错了，反而乐在其中。

孩子们对用感官感觉到的一切都充满无限好奇，有遏制不住的冲动，用他们力所能及的一切方式去一探究竟。但他们也因缺乏前期经验，难以预判自己行为所带来的后果。

幼儿是幼儿园课程组织的出发点，教育活动的主体。这一年龄阶段的幼儿表现出难以理解的主动好学、积极探究倾向，心理的感性因素强，情绪易受到环境影响，认知具有高动作性、具体形象性的特征，精力旺盛，好奇心和探究欲望强，一切行动听从内心的兴趣和需要，为此，只要我们顺应孩子的特点去组织编排和实施课程，就能够使孩子快乐学习。

（二）对幼儿园的认识——幼儿园职责

幼儿园是整个教育体系中基础教育的重要组成部分，是对3~6周岁学龄前幼儿实施保育和教育的学前教育机构，是学校教育制度的基础阶段，通常接纳3~6周岁的幼儿。

幼儿园教育是研究3~6岁儿童的教育规律的科学，即研究幼儿教育的任务、内容，教育的基本原则、方法和幼儿身心发展的规律，揭示教育者可以通过何种教育手段和方法，对幼儿施加教育影响，促进幼儿身心全面和谐发展。幼儿园的任务为解除家庭在培养儿童时所受时间、空间、环境的制约，让幼儿心智得以健康全面发展。因此，幼儿园应承担以下职责：

1. 幼儿园教育应尊重幼儿的人格和权利，尊重幼儿身心发展的规律和学习特点，以游戏为基本活动，保教并重，关注个别差异，促进每个幼儿富有个性的发展。

2. 幼儿园教育虽然不是义务教育，却是基础教育重要组成部分，也应遵循基础教育的有关政策。

3. 幼儿园教育是一门科学，有其自身的教育规律，需要加以研究和遵循，促进幼儿身心全面和谐发展。

（三）对幼儿教师的认识——教师责任

在幼儿园里，教师是保教工作的实施者，直接影响幼儿的健康与发展。幼儿园中教师的角色可谓多重且责任重大。

首先，幼儿园教师是幼儿身心健康的保护者和照料者。教师要以关怀、接纳、尊重的态度与幼儿交往；要关注幼儿的特殊需要，包括各种发展潜能和不同发展障碍，与家庭密切配合，共同促进幼儿健康成长。

其次，幼儿园教师是教育环境的创造者和营造者。教师要营造良好的师幼关系，帮助幼儿建立良好的同伴关系，让幼儿感到温暖和愉悦；要建立班级秩序与规则，营造良好的班级氛围，让幼儿感受到安全、舒适；要创设有助于促进幼儿成长、学习、游戏的教育情境；要合理利用资源，为幼儿提供和制作适合的玩教具和学习材料，引发和支持幼儿的主动活动。

最后，幼儿园教师是幼儿学习活动的支持者、合作者、互动者和引导者。

教师要耐心倾听，努力理解幼儿的想法与感受，支持、鼓励他们大胆探索与表达；要善于发现幼儿感兴趣的事物、游戏和偶发事件中所隐含的教育价值，把握时机，积极引导；要关注幼儿在活动中的表现和反应，敏感地察觉他们的需要，及时以适当的方式应答，形成合作探究式的师生互动；要尊重幼儿在发展水平、能力、经验、学习方式等方面的个体差异，因人施教，努力使每一个幼儿都能获得满足和成功。

（四）对幼儿家长的认识——期盼点

广府文化地区的民众，对孩子成长的理想样态都有一个最为朴实、最直接的认识，他们都期盼教育能够让孩子成为"醒目仔"。他们心目中有全方面的价值判断，集中起来应该在以下几个方面都有各种良好的外在行为表现：

1. 学习习惯：好奇心强、有探究欲望、专心学习、爱提问题、及时改错、主动查寻资料、不磨蹭、喜欢游戏。

2. 思想品德：积极做事、尊重他人、孝敬老人、不浪费、做事能持之以恒、充满自信、遵守常规、诚实可信、自己能做的事自己做、珍惜生命。

3. 文明礼仪：进别人的房间要敲门、会使用礼貌用语、用双手接递长辈的东西、坐有坐相站有站相、礼貌待客、不乱翻别人的东西、不随便打断别人的话、在公共场所保持安静、见到熟人主动打招呼。

4. 卫生习惯：饭前便后洗手、早晚刷牙、保持身体干净及着装整洁、不随地吐痰、不乱扔垃圾、整理好自己的用品和衣物等。

5. 饮食习惯：开心用餐、不浪费食物、细嚼慢咽、吃饭时与同桌愉悦交流、不挑食偏食。

6. 阅读习惯：喜欢看书、专心阅读、喜欢去购书中心或图书馆、有手不释卷的读书状态、喜欢把故事内容告之他人或者以自己的方式表达、遇到问题喜欢使用工具书及智能设备寻找答案、喜欢交流读书所想、爱护书籍材料。

7. 安全意识：遵守交通规则、不玩火、没有大人陪伴不去游泳和玩水、遵守公共秩序、不在不适宜运动的地方急追猛跑、知道右行礼让、有自护意识、不做危险动作、让家长或老师知道自己去什么地方、知道报警电话。

8. 运动习惯：喜欢每天在户外活动一小时以上、认真完成幼儿园规定的运动项目、喜欢一家人去大自然郊游、积极参加体育比赛、喜欢尝试新动作和技能。

9. 劳动习惯：自己的事情自己做、家里的事情主动做、别人求助的事情帮着做、能够按操作程序劳动、能与他人合作共同完成劳动、劳动中注意自我保护、能够想出好办法提高劳动效率、劳动结束后能即时整理现场、爱护和珍惜劳动成果。

（五）对教育情境的认识——环境课程

基于幼儿思维具体形象性和直觉行动性的特点，幼儿注定对身边的人、事、物有更深刻的感知，因此生活中真实的情境和幼儿园里老师有目的、有计划地创设的教育情境，都是针对幼儿学习的最直观的课程，是幼儿园课程的重要组成部分，幼儿园教师必须对情境有取舍、筛选、加工和优化，使之更具有课程性、操作性、审美性。

三、对课程编制模式的认识

幼儿园课程编制模式是多样的，不同模式下的课程编制活动展开方式也有所不同。目前，幼儿园课程编制模式主要采用目标模式和过程模式。

（一）目标模式

目标模式的创始人是博比特等人，后来泰勒建立了目标模式的经典性形态。泰勒认为，在课程编制的过程中，编制者必须回答以下四个问题：第一，学校应该达到哪些教育目标？第二，提供哪些教育经验才能实现这些目标？第三，怎样才能有效地组织这些教育经验？第四，我们怎样才能确定这些目标正在实现？回答了这四个问题，也正是回答了如何确定课程目标、如何选择学习经验、如何组织学习经验和如何评价学习结果这四个问题。

然而，目标模式编制的幼儿园课程主要存在以下几点弊病：

第一，课程目标是由课程编制者确定的，而迄今为止，人们对幼儿的发展水平规律以及他们的兴趣和需要等的认识还有许多不足，特别是学前儿童富有创造性的行为在程度上具有不可预知性，而控制本位的"行为目标"把课程开发、教学设计、人的学习过程变为一个可预先决定和操纵的机械过程，割裂了目标与手段、结果与过程间的有机联系，从而可能磨灭了课程开发与教学设计过程中的创造性、人的学习的主体性。于是，由课程编制者确定的课程目标，通常与发展中的学前儿童的实际情况相脱节。

第二，课程目标以幼儿行为来确定，课程就会很自然地强调那些可以通过幼儿行为明确识别的方面，而忽略那些难以转化为行为的方面。事实上，真正有教育价值的东西不都是能由行为标明的，更不都是能由即时行为的变化所能标明的。例如，幼儿的许多高级心理素质是很难用外显的、可观察的行为来预先具体化的。即使某些价值观和态度能够结合进显性课程来培养，但更多的价值观和态度是通过隐性课程来培养的，它们是不可能被先具体化的。目标模式以"输入—产出"这种机械式的、技术化的方式运作课程，更加突出了其非人性方面的问题，而这些人性方面的问题难以被转化为行为，但对于学前儿童本身而言又更为重要。

第三，按行为目标的方式确定课程目标，使课程目标被分解成为各个独立的部分，这种将幼儿的学习经验分割成"碎片"的做法，强调的是通过训练而达成预期的目标，与幼儿从其自身已有的经验出发，整体地学习知识和获得经验的学习方式之间存在距离。

（二）过程模式

英国课程理论家斯坦豪斯在对目标模式的批判基础上，以教育的内在价值及实践为立足点，提出了课程编制的过程模式。斯坦豪斯认为，知识不是让幼儿接受现成的东西，而是需要幼儿进行思考的对象，因此，它不应成为必须达成的目标而去限制幼儿，相反，应通过教育促使幼儿去思考知识，从而解放学前儿童。斯坦豪斯倡导一种立足于教育内在价值的、旨在培养幼儿智慧、教养和自由品质的教育观，以及注重理解与思维的价值的知识观。因此，在课程评价中，教师应是诊断者，而非评分者。

课程编制的过程模式主要表现为以下几点：第一，淡化了课程目标的预设，强调了幼儿活动的过程；第二，淡化了教师在教育活动组织中的计划性和控制性，强调了根据学前儿童的兴趣和需要组织活动，尊重学前儿童的选择和创造；第三，淡化了根据客观标准对学前教育进行评价，强调了过程性评价，强调教师自我在评价中的作用。

与目标模式不同，过程模式只有较短的发展历史，在教育实践中的影响作用也没有目标模式那么广泛。但是，由于它所倡导的一些思想和原则与当今学前教育领域中人们对教育价值判断所发生的变化比较接近，因此，它对于学前教育课程的编制表现出很强的影响力。

然而，过程模式的构建尽管论证了课程编制的基本原则和方法，却没有提出明确而具体的程序及方案，致使人们在运用过程中难以把握，呈现出片面化、极端化的弊端，也就是说，按过程模式编制的课程往往缺乏科学性、计划性和系统性，对教育的评价往往因缺乏客观标准而带有过多的主观色彩。此外，斯坦豪斯提出的"教师即研究者"十分有益于教师自主性的发展和专业成长。但过程模式赋予了教师过分理想化的角色和过高的要求，这往往会因为教师难以达到这样的境地而不能把握住课程的要义，从而降低教师实施课程的有效性，甚至使课程在根本上受到曲解和异化。

虽然目标模式和过程模式有所不同，但是在幼儿园课程编制的实践中，教师仍可以吸取这两种课程模式各自的长处。

第二节　区域"醒目"课程编制的核心理念

理念是人们经过长期的理性思考及实践所形成的思想观念、精神向往、理想追求和哲学信仰的抽象概括。教育理念是教育主体在教育实践及教育思维活动中形成的对"教育应然"的理性认识和主观要求。它是关于"教育的应然状态"的判断，是渗透了人们对教育的价值取向或价值倾向的"好教育"观念。

幼儿园教育活动的开展离不开教育思想、教育理论的指导，离不开课程和教学两部分，课程是教学的抓手，教学是课程的实施。课程是上位的东西，承载一定的教育理念和教育内容的方案和计划；教学是下位的东西，包含一系列具体的教学策略、方法与实施手段。课程决定着教学的总体目标和执行方式，教学影响着课程目标的达成与效果。因此，"醒目教育"理念指引"醒目"课程活动的开展与实施，指引"醒目"课程和教学实践的全过程。

"醒目"课程是"醒目教育"理念下编制的课程，遵循"醒目教育""目为醒之源　醒为目之成"理念，为实现"醒目教育""培养醒目儿童　让幼儿离苦乐学"教育目标，"醒目"课程在编制内容和实施手段两个方面，提出"课程重构　魅力游戏"的基本理念，这也是"醒目"课程编制和实施应该遵循的基本原则。

一、课程重构

"目为醒之源"，基于幼儿的年龄特点，他们对身边能接触到的具体形象的人、事、物有更为直观深刻的感知认识，基于感知认识的整体性特征，提出了幼儿园"醒目"课程编制的三条原则："生活化""融合化""游戏化"。

（一）课程生活化

有学者指出，生活是人在自然和社会之中，通过享受、占有、内化和创造人类物质文化、精神文化、制度文化，围绕人的生命存在和发展，实现人的价值、生命的能动的活动。《纲要》指出："幼儿园应为幼儿提供健康丰富的生活和活动环境，满足他们多方面发展的需要，使他们在快乐的童年生活中获得有益于身心发展的经验。"幼儿教育应该回归生活世界，只沉迷传递教科书知识，与真实生活毫无关联的教育是扭曲生活的，只有真正关注生活世界的教育才是完整的、真实的人的教育。课程生活化，即课程可以追寻幼儿的经验与生活，既可以由教师预设，也可以由师生共同创设或幼儿自发生成。

"醒目"课程生活化体现为两方面，一是课程内容来源于生活，体现了与幼儿生活密切相关的背景经验，并从中选取教育价值高的，为幼儿所熟悉的生活中的热门问题或事件，基于幼儿兴趣生成有意义的内容；二是课程实施途径要关注一日生活皆课程，可在幼儿园一日生活的各个环节中实施教育，也可与家园共育，要加强幼儿个人在家生活经验与在幼儿园生活经验之间的紧密联合；三是课程实施方法，生活就是课程，是一种实践，一种参与，一种体验，课程可以根据任何生活和经验，反思幼儿需要的、感兴趣的，尤其是随时随地在生活中、学习过程中产生和发现的，幼儿急于想知道或解决的问题，都可以纳入到课程和活动中来。

（二）课程融合化

"醒目"课程融合化体现在其重视幼儿获得经验的完整性，幼儿身体发展和学习的特殊性以及幼儿学习与发展的整体性。"醒目"课程把有一定内在逻辑联系的课程资源编辑成一个主题单元，将一些与主题单元相关联的活动合成一体，实现学科的整合，发展经验的融合。如果把幼儿在幼儿园所获得的一切经验都纳入课程，那么幼儿经历的一切活动，如日常生活、学习活动、自主游戏、户外运动，也应该融合在当前课程主题的情境之内，以加深幼儿对知识更完整和深入的认识，而不是各领域各活动相互割裂，互不关联。课程融合化，可帮助幼儿建立起对这个主题单元知识的更完整的情感体验和知识技能的认知。

（三）课程游戏化

"醒目"课程游戏化体现为两个方面，一是课程的实施以游戏为基本活动。幼儿是用多种感官参与探索、交往、学习和表现活动的，让幼儿通过游戏真实体验自我建构经验的过程，在游戏中不断发现问题、解决问题。二是幼儿游戏活动本身也是课程活动，或者说游戏的课程化，从学习内容和学习方法这两个角度思考——"游戏"既是学习方式，也是课程的功能实现。

虞永平老师认为：课程游戏化是教育的质量工程，最核心的就是幼儿园的课程，应该更加贴近幼儿的实际发展水平，贴近幼儿的学习特点，贴近幼儿的生活及兴趣与需要。让课程更生动一些，更有趣一些，活动形式更多样化一点，幼儿的自主性、创造性才能更充分一些。课程游戏化还要把游戏的理念、游戏的精神渗透到课程实施的各类活动中，包括一日活动、区域游戏、集体教学活动等等。

二、魅力游戏

"目为醒之源　醒为目之成"的"醒目教育"理念，指"醒目"课程的学习方法是以游戏为基本活动，并在游戏活动过程中，呈现出快乐性、主动性和创意性。这里的"游戏"，与"课程重构"中课程的"游戏化"不一样，这里的"游戏"是幼儿的基本学习方法，是实施课程的基本手段，讲究用"游戏"开展学习活动，而"课程重构"中的"游戏"是指课程的游戏化或游戏的课程化。因此，教师在组织教学活动，开展自主游戏时，应该注意幼儿在游戏中的表现状态，是积极主动的，还是被动安排的，游戏中幼儿是否呈现出应该有的快乐性、主动性和创意性的基本状况。

游戏是由人的内在动机引起的需要，是自动自发自由的选择性行为活动，游戏过程伴随着明显的快乐和幽默感，具有身体的自发性、认知的自发性和社会的自发性。游戏不同于探索行为，因为探索行为需要对未知事物进行研究，而且这种探索研究还要多方寻求以获得一个答案；游戏重在过程的享受和学习，不追求是不是有收获，不追求是否探索出一个答案。游戏本身也不受外在的规则限制，而是有游戏本身非正式或正式的内在规则；而且游戏规则是由游戏者为了游戏自行协商制定，游戏规则也会随着游戏者和情境的不同而有弹性的变化。游戏需要游戏者积极主动地参与，并伴随着愉悦的心理体验。游戏是客观反映现实生活的活动，游戏是幼儿有目的、有意识、积极的反应活动，是幼儿在假想的情境中反映周围生活的活动。游戏是幼儿的基本活动，是适合幼儿年龄特点的一种有目的、有意识地通过模仿和想象反映周围现实生活的独特的社会活动，它具有趣味性、具体性、虚构性、自由性、自愿性和社会性的特点。游戏是一种快乐的、虚构的行为表现，是基于幼儿身体活动、认知活动和社会交往活动的需要，带有快乐性、主动性和创意性特征。

（一）快乐性

魅力游戏中的快乐性是游戏的基本属性，是检验真或假游戏的试金石。我们可以从两个方面来认识游戏的快乐性，其一，游戏的快乐性是由游戏的本质所决定的，游戏就应该充满愉悦和快乐性，如果游戏带来的是痛苦的心理体验，那就不是真正的游戏，只是装模作样采用了游戏形式。其二，游戏没有必须完成的任务和需要一个规定的结果的外在压力，游戏重在玩的过程中就能够带来的愉悦心理体验和满足感，让人废寝忘食。

（二）主动性

魅力游戏中的主动性同样是游戏的基本属性，也是检验真或假游戏的试金石。主动性是由个人的需要、动机、理想、抱负和价值观等推动，按照个体自己的规定或设置的目标行动，是不依赖外力推动的一种自觉的积极行为品质。幼儿主动性行为品质能使幼儿保持对外界事物的好奇，保持积极探索和控制外在环境的冲动，形成目的意识，为自信心和创造性品质的形成打下良好基础，科学的幼儿教育要小心谨慎地呵护幼儿天生的积极主动性。游戏顺应了幼儿的天性，是幼儿认识世界的行为方法和学习方式，幼儿教育要为幼儿更好地游戏活动，丰富其生活经验，提供丰富多样的玩具材料，营造良好的物质和心理环境，让幼儿有充分的时间和空间在真游戏中主动学习。

（三）创意性

魅力游戏中的创意性，是从游戏课程化的角度和教学有效性角度提出的。游戏活动可能停留在"醒目"课程中"目"层面的浅表性感官享受，也可能出现在"醒目教育"课程的"醒"层面的深层次学习思考。只有在教师的帮助下，创设良好的游戏环境，给予时间、空间、材料的充分支持，在教师充分观察、给予支架的情况下，推进游戏的发展，才会引发幼儿的深度学习，赋予游戏课程化的深刻含义和教学收获。因此，创意性是游戏活动在教育有效性方面的检验指标。

第三节　"醒目教育"课程构建

"醒目教育"课程立足于本土文化，在彰显文化的同时也体现了"用什么培养儿童""要培养什么样的儿童"的思考。基于这样的思考，"醒目教育"区域课程提出了"醒目教育"课程核心理念——"课程重构　魅力游戏"。

一、"醒目教育"区域课程体系框架

基于"醒目教育"理念，课程资源由三个维度构成，一是"灵动其思维的游戏课程资源"——《幼儿园室内区域活动的开展和材料设计》，是班级教师根据幼儿和当前教学的需要，在活动室有计划有目的地创设若干个幼儿自由、自主的游戏区域，以实现不同的教育功能。二是"野蛮其体魄的'醒目'大操节"，是户外半小时集体体育活动，由进场热身、队列训练、操节活动、体能练习、放松运动构成。三是"文明其精神的人文情怀课程资源"——《水秀花香　新芳村》《荔湾风情（幼教版）》和《醒目仔　识广府事》，根据广府七大文化体系，将其整编成七大主题单元，幼儿园可根据本园和社区实际情况，选择一项至多项适合的主题内容开展学习活动，并在此基础上生成更为丰富的园本课程。

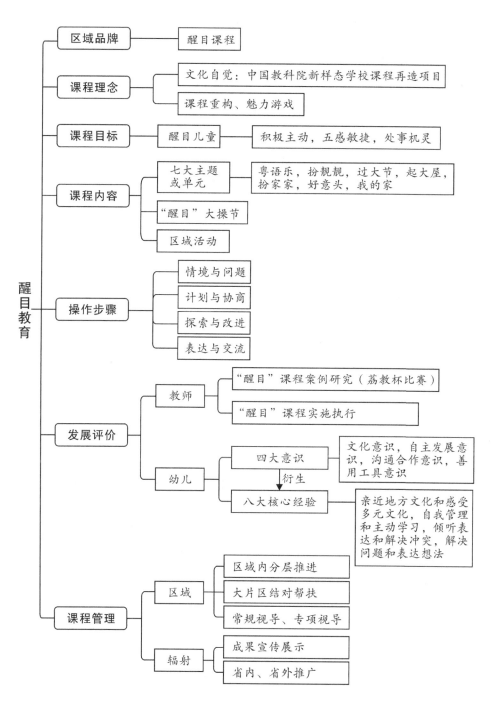

图5-1   "醒目教育"课程体系框架

二、"醒目教育"区域课程的特点

（一）优秀文化育人

优秀文化育人首先是红色基因育人。课程是为培养人、实现教育目的服务的，我们要培养社会主义的建设者和接班人，要以文化育人，培育富有民族精神的中国人，从小将中国优秀文化嵌入基因，让幼儿认同地方文化，成为有人性、有温度、有归属感的有根儿童。其次，地方课程的开发主要根植于特定地域并始终面向该地域，它与幼儿生活背景联系紧密，因此将地方文化资源作为幼儿园新课程尤显重要。"醒目教育"在全面领会国家课程精神的基础上，充分考虑区域基础与资源条件，对课程进行整体设计与规划，由此形成平衡、和谐、适宜的地区课程。

（二）魅力游戏育人

幼儿园以游戏为基本活动，讲究探究、体验、直接感知和游戏精神，倡导快乐、主动、创意的魅力游戏。"醒目教育"区域课程根据广府文化七大体系，分为七大主题单元。（详见第五节）

（三）共存共荣育人

"醒目教育"的实践经验告诉我们，"醒目教育"课程追求地方课程与国家课程、园本课程的融合共存的理念，追求教师、幼儿、家长民主共生的理念，追求幼儿、教师、幼儿园、区域共同发展的理念，只有在和谐、包容的共处中，才能促进区域保教质量整体提升，实现区域学前教育高质量发展。

三、"醒目教育"区域课程的评价体系

"醒目教育"课程的评价分为教师执行课程评价和幼儿发展评价两个部分，"醒目教育"区域课程的教学步骤则分为情境与问题、计划与协商、探索与改进、表达与交流四个步骤。

（一）教师执行"醒目教育"课程的评价

1. 课程内容选择及思想意识的评价。

一是课程内容选择要考虑幼儿真实的生活背景，体现对幼儿的尊重，关注幼儿学习的主动性；二是课程内容选择要注重培养幼儿的文化意识、自主发展

意识、沟通合作意识、善用工具意识。根据幼儿兴趣和需要创设情境，允许幼儿自主选择与环境、材料的充分互动，不断创造新的玩法，同时鼓励幼儿在游戏中发现问题，让幼儿通过利用工具或身边的资源，与同伴密切合作沟通，共同解决问题。在这过程中，幼儿的五官积极参与，主动探究并推动游戏进行，从而获得一个或多个领域学习与发展的有益经验。

2. 课程的操作步骤及方法的评价。

步骤一：情境与问题。从幼儿的生活背景出发，在前置预设的七大探究主题中，发现儿童的兴趣点，并判断这个兴趣点的教育价值，引导幼儿相互讨论生成想探究的若干小问题，教师协助创设情境，提供玩具材料，以支持幼儿的知识建构和经验发展。

步骤二：计划与协商。由教师与儿童共同确定小课题的主题，制订计划，计划随着课程的进行，可以调整。围绕幼儿想解决、发掘的"生成问题"组建合作小组。

步骤三：探索与改进。儿童与同伴密切合作，运用身体的感知觉，合理利用工具和身边的资源进行具体操作。基于此形成体现幼儿高质量学习和探究过程的记录，随后进行分析反思。对于这种以直接经验获得为主的活动，教师应能够观察分析评价幼儿游戏，并给予适时合理的支持，促进幼儿持续探究。

步骤四：表达与交流。课题成果由幼儿呈现，班级环创或课题的主题墙留白由幼儿作品填满。幼儿的经验获得按照他的意愿，进行多种形式的表达和汇报。

（二）"醒目"幼儿发展评价

我们从培养幼儿的四种意识中衍生出八大核心经验——亲近地方文化和感受多元文化、自我管理和主动学习、倾听表达和解决冲突、解决问题和表达想法，每次游戏都不断叠加夯实直接经验，使直接经验从低水平向中水平再向高水平发展。

关于"醒目教育"区域课程的操作步骤方法，将会在第七节予以详细说明。

四、"醒目教育"区域课程的实施方案

（一）区域层面实施

组建"醒目教育"课程实施团队。设置领导小组、指导小组、共建小组，

加强幼儿园课程实施的常规管理，发挥三个小组管理效应，建立健全深化课程改革监督考核机制，制定考核指标，加强监督、检查，把深化课程改革工作作为评优、评先和年审工作的重要依据之一，营造氛围，健全机制，推动"醒目教育"课程的全面落实。

（二）幼儿园层面实施

荔湾区各类幼儿园需制定本园的《幼儿园课程实施方案》，方案中需体现"醒目教育"课程部分内容。认真做好"醒目教育"课程实施所要求的环境创设、教师培训、教学管理，切实优化国家课程、地方课程、园本课程的有机渗透和组合，促进幼儿德、智、体、美、劳全面发展。

五、"醒目教育"课程实施效果

"醒目教育"课程符合当前学前课改的趋势，有效解决了区域幼儿园课程和教学中存在的问题，对于区域幼儿园课程改革、幼儿成长的意义和价值，产生了积极而广泛的影响。主要体现在以下几个方面：

1. 丰富课程资源。"醒目教育"课程基于文化，富含地方文化色彩，丰富了幼儿园的课程资源选择。"醒目教育"课程的内容和策略，遵循幼儿认知特点和身心发展规律，将地方资源进行再加工，注重"预成"和"生成"结合，采取自主探索模式，课程体系完整，实践效果好，能较好地传承优秀文化，使培育有文化根、民族魂儿童的意识不断加强，逐步成为指引区域幼儿园课改的样式和范例。

2. 完善三级课程。"醒目教育"课程的完善，是荔湾区充分利用本土资源，构建地方课程的实践结果，反映了区域学前教育的诉求和声音。"醒目教育"区域课程围绕幼儿发展核心素养、培养"醒目"儿童的思想，倡导的"课程重构 魅力游戏"成为区域课程改革、地方课程建设、保教质量提升的核心理念。长期的应用和实践，使"醒目教育"区域课程实施已经蔚然成风、落地生根、开枝散叶、开花结果，在荔湾区幼儿园处处都能看到"醒目"的影子。

3. 提升教师素养。从"醒目教育"课程的操作步骤到"醒目教育"课程的评价标准，都能有效落实"醒目教育"课程理念，且便于一线教师实际操作。一是考虑幼儿真实的生活背景，体现对幼儿的尊重，关注幼儿学习的主动性。二是树立"醒目教育"课程的四种意识，"醒目"儿童发展的八大核心经验，通过借鉴"醒目教育"课程评价标准，教师知道该如何从众多的课程中选择适宜幼儿发展的课程，也能够从活动评价中了解幼儿是否得到了有益的发展，这促进了教师专业素养的进一步提高，更新了教育观念。

4. 促进幼儿发展。除关注国家课标的评价指标外，"醒目教育"课程幼儿发展评价注重幼儿的八大核心经验。

5. 形成区域品牌。荔湾区将"醒目教育"课程确定为"新样态学校"课程再造的学前项目，制定了《荔湾区幼儿园实施"醒目教育"课程方案》，在全区幼儿园实施，加强了幼儿园课程管理、教学研究和教师培训，提升了保教质量水平，反映了区域学前教育诉求和标准，逐渐形成学前区域品牌。

6. 逐渐推广辐射。"醒目教育"区域课程的研发运用已持续18年，在全区幼儿园进行了推广和实践，促进并形成了家园共育的良好气象，被专家学者、园长（教师）、家长、社会所认可，课程及理念也被省内外其他地区幼儿园效仿并实践应用。

第四节　区域"醒目"课程目标

课程目标是人们对教育活动的效果的预期，课程目标决定着课程设计工作的方向和质量，课程内容的选择与组织，是课程最终要达到的标准。课程目标总体要反映特定社会对于人才培养的基本要求，对课程编制具有导向性作用，决定课程的性质和方向。"醒目"课程的目标必须符合国家的课程目标要求，又有自己的目标特色。

一、幼儿园课程的总目标

幼儿园课程总目标就是幼儿园的教育目的，是受社会对受教育者在质量和规格方面的总体要求的影响的，是教育活动的出发点，也是归宿点。课程总目标在国家课程标准中有明确的规定。

《规程》第五条幼儿园保育和教育的主要目标是：

（一）促进幼儿身体正常发育和机能的协调发展，增强体质，促进心理健康，培养良好的生活习惯、卫生习惯和参加体育活动的兴趣。

（二）发展幼儿智力，培养正确运用感官和运用语言交往的基本能力，增进对环境的认识，培养有益的兴趣和求知欲望，培养初步的动手探究能力。

（三）萌发幼儿爱祖国、爱家乡、爱集体、爱劳动、爱科学的情感，培养诚实、自信、友爱、勇敢、勤学、好问、爱护公物、克服困难、讲礼貌、守纪律等良好的品德行为和习惯，以及活泼开朗的性格。

（四）培养幼儿初步感受美和表现美的情趣和能力。

二、区域"醒目"课程目标

幼儿园地方课程目标要为实现国家幼儿园教育目标服务，又要服务于地方，立足于地方，同地方发展的实际相结合，建立适宜的教育目标。区域"醒目"课程目标是在国家课程标准《纲要》和《指南》的前提下，致力于进一步提高本地的办学水平与教育教学质量而设定的，是与地方文化和发展的实际水平相适宜的育人目标。

"培养醒目儿童　让幼儿离苦乐学"是区域"醒目"课程的目标。根据广州市荔湾区教育发展的区域实际——国际大都市、国家一线城市的老城区、文化历史名城的核心区存有的幼儿体能较弱、教学活动存在"小学化"、幼儿园保教质量不平衡的实际情况，为提高本地幼儿教育质量，促进内涵和均衡发展的需要，依照《指南》的国家幼儿教育目标标准，设计了又与地方实际相适宜的、高于国家的目标设计，确立了区域（广州市荔湾区）幼儿园地方三大课程：文明其精神的人文课程、野蛮其体魄的"醒目"大操节课程、灵动其智慧的区域活动课程。

第五节　区域"醒目"课程内容

区域"醒目"课程，具体分为三个部分，分别为：文明其精神的人文课程、野蛮其体魄的"醒目"大操节课程、灵动其智慧的区域活动课程。

一、文明其精神——人文课程

这部分课程能够满足孩子对身边最为直观形象的现实世界的认识和探索，也满足、丰富并提高了幼儿在家和在幼儿园的生活质量，使孩子们学会如何处理日常生活中的问题，帮助幼儿学会与人相处、交往、沟通与合作，学会尊重不一样的文化与他人，学会处理生活与学习中遇到的问题并积极利用身边的资源解决和处理问题，学会主动学习和自主管理。

我将《水秀花香　新芳村》《荔湾风情（幼教版）》进行整合，进一步融入广府优秀经典文化，将幼儿能够接受和理解的，具有新时代课程价值意义的七大文化体系，整合分成七大主题单元，具体如下：

表5-1　人文课程的七大主题单元

主题名称	主题内容
主题一：粤语乐——粤语文化	讲古、粤语童谣、粤剧粤曲……
主题二：扮靓靓——工艺文化	广彩、广绣、雕塑、陶艺……
主题三：过大节——节庆文化	元宵节、端午节、中秋节、春节……
主题四：起大屋——建筑文化	西关大屋、荔枝湾涌、岭南园林……
主题五：扮家家——美食文化	职业认识、家庭成员、美食文化……
主题六：好意头——民俗文化	开笔礼、舞龙醒狮、生菜会……
主题七：我的家——乡愁文化	四通八达的路、标志性建筑物……

区域各幼儿园可根据本园和所在社区的实际情况，选择至少一项适合的主题内容开展学习活动，并在此基础上生成更为丰富的园本课程，具体课程案例见广东教育出版社出版的《醒目仔　识广府事》一书。

二、野蛮其体魄——"醒目"大操节课程

"醒目"大操节属于集体体育活动，时间安排为：小班10~15分钟、中班15~20分钟、大班20~25分钟。课程经过精心设计，科学安排运动密度、运动强度、运动量，并对心跳脉搏曲线高低进行监测。"醒目"大操节由唤醒环节、进场热身、队列训练、操节活动、体能练习、放松运动构成。"醒目"大操节同样体现"醒目"课程"课程重构　魅力游戏"的核心理念，将其理念物化到编排和运动之中，促进并满足幼儿一日身体生长所必需的基础体能运动量。

（一）活动编排的适宜性

"醒目"大操节以"野蛮其体魄，提振精神"为目的，在活动编排上有以下特点：

动作难度适宜。幼儿时期身体器官各系统还处在快速发育阶段，动作的难度和节奏，需要合理搭配，使幼儿的肌肉、各器官得到全面锻炼和均衡发展，免疫力得到提升。

运动量适宜。幼儿运动量反映在运动强度和密度上，一般而言，早操活动中，幼儿心率平均140次/分钟为正常，最高时150~170次/分钟，放松时100~120次/分钟，结束活动后，5分钟内心率回到80~90次/分钟，变化的曲线遵从上升—稳定—下降的基本规律，幼儿脸色泛红、微微出汗。

运动时间适宜。大班一般控制在20~25分钟，中班一般控制在15~20分钟，小班一般控制在10~15分钟。

（二）活动内容和结构的合理性

大操节活动编排要根据幼儿的年龄特点，确定早操内容和结构。幼儿园早操的内容包括唤醒、进场和热身、队列练习、早操、基本动作游戏、律动歌、表演、舞蹈等方面的内容，这些内容可以自然地融合在一起。不同年龄阶段的幼儿，在体力、动作发展以及心理水平都不相同，我们要遵循年龄特点和全面发展的原则，做到幼儿大动作和精细动作的合理搭配。从结构上看，一般由四段式结构组成，分为热身运动、操节运动、体能活动和放松活动。

（三）"醒目"大操节活动的音乐编制适宜

早操不仅是一项体育活动，同时也是一项集体音乐活动，它不但能增强体质，也能培养音乐感知能力。音乐是早操活动的灵魂，早操的编排离不开音

乐，编制一套好的早操音乐是做好早操活动的关键条件。幼儿在音乐伴随下进行早操活动，不仅能有效地增强幼儿的节奏感、韵律感、表现力和丰富的想象力，而且能激发幼儿学操的热情，加快掌握早操动作的速度。一般而言，音乐选择的第一个技巧是先有早操再选择音乐；第二个技巧是选择音乐要考虑幼儿年龄特点和个体差异，要有童趣，是孩子平时喜欢听的歌曲，明快有节奏感；第三个技巧是考虑音乐的节奏和歌词的含义，多角度、多元化地思考并选择最适宜表达早操情绪的音乐，也可以对音乐进行一些技术上的处理，使用没有歌词的纯音乐，帮助孩子更专注于音乐的节拍、节奏和旋律。例如，进场时选择明快的进场音乐，能消除神经系统因睡眠产生的抑制状态，恢复并激发机体器官系统的运作，提高机体活动能力，获得愉悦的心情。

（四）"醒目"大操节的编排既要有规定性，也要有主动性

大操节活动一般在统一音乐的指挥下，由教师高度预设的规定动作和活动组成，幼儿处于比较被动的状态。我们在关注培养幼儿团队意识的同时，还要帮助幼儿发挥主动性，让幼儿主动参与创编早操动作，寓教于乐，寓教于趣。具有趣味性的早操，可以激发幼儿积极参与体育锻炼的兴趣，增强主动性。具体来说，要留给幼儿自主的空间。中、大班幼儿已有一定的思维能力，他们对手中的器械都有自己独特的玩法，在编排时可以留有一定的时间，让幼儿按照自己的意愿来进行活动。例如，皮筋操中间有一段音乐，让幼儿自由发挥想象，根据音乐节奏展示自己的各种玩法，有的幼儿在皮筋一头绑定物件当毽子踢，有的幼儿把皮筋放在地上进行跳跃，还有的三人组合在一起，将皮筋变成三角形来跳绳子。自由活动时间的安排，改变了以往早操中只有教师规定动作的惯性模式，这一过程中唤醒了幼儿的创造性，改变了单一的游戏形式和早操编排。

总之，我们在编排"醒目"大操节时，要坚持贯彻《纲要》《指南》精神，又要遵循区域"醒目"课程的"课程重构　魅力游戏"的核心理念，根据各年段幼儿年龄特点和生长发育情况，让内容贴近生活并打破传统，力求通过大操节活动培养幼儿参与合作的团队意识，发挥幼儿主体性，使他们形成良好的个性，养成锻炼身体的好习惯，实现强壮体魄、提振精神的目的。

三、灵动其智慧——区域活动课程

《规程》指出："幼儿园应当将游戏作为对幼儿进行全面发展教育的重要形式。幼儿园应当因地制宜创设游戏条件，提供丰富、适宜的游戏材料，保证充足的游戏时间，开展多种游戏。幼儿园应当根据幼儿的年龄特点指导游戏，鼓励和支持幼儿根据自身兴趣、需要和经验水平，自主选择游戏内容、游戏材料和伙伴，使幼儿在游戏过程中获得积极的情绪情感，促进幼儿能力和个性的全面发展。"

幼儿游戏是指幼儿运用一定的知识和语言，借助各种物品，通过身体运动和心智活动来反映并探索周围世界的一种活动形式，也是对人的社会活动的一种初级模仿。幼儿游戏是适合幼儿身心发展的独特的活动形式，是幼儿的基本活动方式，是幼儿学习的重要途径。幼儿游戏具有主动性、愉悦性和有序性的本质特点。

游戏是幼儿的基本活动形式，不仅符合幼儿直觉形象思维的认知发展特征和需要，而且也满足幼儿幸福生活的实际需求。"以游戏为基本活动"是幼儿园课程的一种趋势，也成为我国幼儿园工作者的普遍共识，"游戏"不仅是课程的内容，同时也是课程实施的基本途径，因此将游戏作为一种教育内容和形式的方式融入幼儿园课程，是幼儿教育课程的发展的应然趋势。区域游戏即是幼儿园课程内容的游戏化和课程实施游戏化的化身，是一种课程新形态。

第六节   区域"醒目"课程组织与实施的教学原则

"醒目教育"目标"培养醒目儿童 让幼儿离苦乐学"，其中的"离苦乐学"在我看来就是主动学习，因为只有主动的学习才是快乐的。很多人认为，学习是痛苦的事，但是我认为学习是人之成长的天性，顺应天性的事，本应该是乐事，因为有功利，有任务，不按孩子的学习兴趣、学习需要和学习方式施教，才使学习变成强制或强迫和克制的行为。幼儿年龄小，身体和心理都处于快速发展期，学习又以感官带动，受情绪影响大，因此更应该顺应孩子的学习方式和特点，不能用"小学化"教学。"醒目"课程组织与实施要遵循什么样的教学原则，才能促进幼儿积极主动学习？

一、发挥教师的观察、支持和创设作用

　　基于幼儿是学习的主体和主动者这样一个理念，教师和儿童之间的关系也就不再是传统意义上的教育者和被教育者的关系。同样，幼儿发展的过程也不再是老师施加"教"的过程，老师成为一种幼儿学习活动观察者、提供适宜的学习材料的支持者和学习情境的创设者。幼儿的五大感官的发展，在探索中五官获得的感觉，不是由教师教授的，而是通过幼儿自己和具体的人、事、物的接触和互动过程中获得的。教师能做的仅仅是将幼儿获得的感觉、感知和幼儿一起进行分析、归纳、梳理，然后逐渐引向概念，并提供幼儿听得懂的普适性语词。当幼儿看到、听到、摸到、品尝到、闻到的时候，都会产生不同的感觉，而这些感觉是不能由老师口授的。例如，当幼儿摸到热或冷的物体的时候，一定会产生热和冷的感觉，而此时老师所要做的，就是给幼儿建立一个概念：热的和冷的；当幼儿品尝甜味、苦味、辣味时，只要老师给出甜、苦、辣的概念就可以帮助幼儿智能的发展了。老师要做的就是为幼儿创设一个适宜的学习情境环境及提供学习所需的材料，并进行适当的支持和引导，在幼儿先行用五官进行操作、玩耍、探究，获得感觉、感知的过程之后，帮助幼儿提升表征性经验，形成概念化知识，使幼儿从中形成科学的认知过程。从这样的教学思想出发，我们的课程设计和安排紧紧围绕着发展幼儿的感觉、感知，帮助儿童建立概念，完善健全人格而展开。

二、课程组织与实施强调幼儿主动学习

（一）幼儿主动学习的内涵

　　主动学习是相对被动学习提出的，主动表明积极的主观能动性，包含积极的情绪和心态，是以自己的主观内在需求为基础的，是由内而生的学习欲望，不需要外界的刺激，且学习过程中专心度高、持续时间长、学习效果好，主动学习者通过自主选择课程，通过独立地分析、探索、实践、质疑、创造等方法来实现学习目标。

　　《纲要》在论及基础教育课程改革的具体目标时指出："改变课程实施过于强调接受学习、死记硬背、机械的现状，倡导学生主动参与、乐于探究、勤

于动手，培养学生搜集和处理信息的能力、获取新知识的能力、分析和解决问题的能力以及交流与合作的能力。"

主动学习关系到"醒目教育"目标"离苦乐学"能否实现。普通心理学认为，学习是个体通过努力来克服困难、获取知识的行动，是一个人知、情、意、兴趣几种心理状态的综合体现。然而，根据认知心理的特点，幼儿根本不可能对学习对象进行有目的的注意、记忆、认知和选择。幼儿的学习只能是主动自主的学习，或者是有同伴互动的学习。因此，与主动自主学习对立的，依靠外界哄骗、强制力量、物质和功利引诱等手段进行的幼儿学习都是不适宜的，背离了"离苦乐学"的快乐学习的原则。"醒目"课程的编制既有目标模式也有过程模式，下面介绍影响幼儿学习的因素，以及主动学习的表现。

（二）影响幼儿主动学习的因素

"醒目"课程实践中，幼儿学习的进程、内容、方式等都是由老师事先预设的，而教学内容的选择、教学过程中方法的运用以及对幼儿行为的管理方式等是影响幼儿主动学习的直接因素，主要涉及幼儿的兴趣和需要、课程内容与幼儿生活背景及已有的经验。

1. 幼儿的兴趣和需要。

兴趣和需要是引起幼儿内在学习动机的主要内容。学习的内在动机是指人们对学习本身的兴趣所引起的动机。兴趣的发生则是以一定的需要为基础的。好奇心、求知欲、探索欲是人类早期本能的认知需要，学习兴趣就是在人类天生的认知需要的满足中获得的。人类本能的认知需要最初只是潜在的，而且没有特定的内容和方法来满足这一需要。因此，在幼儿教育中应该创造条件使这些认知的内在需要发挥动力作用，另一方面应该注意幼儿学习中对这些认知需要的流露，尽可能顺应幼儿这种内在兴趣和需要得到满足，从而使其逐渐从潜质变为显质，使其对学习的动力作用更加持久稳固。

2. 课程内容、幼儿生活背景与已有的经验。

醒目课程要引发幼儿内在学习动机及学习兴趣，属于课程内容方面的问题，必须要考虑以下两个条件：

第一，要使获得的新知识经验与儿童原有经验之间保持适当距离，既要相互关联，又要有适度距离，要让幼儿跳一跳够得着，是幼儿发展的最近发展区。

第二，要使儿童学习的新内容同已有的经验和思维方式、活动方式之间构成新问题，只有新问题，他们才需要适合、适应，才有解决新问题的冲动，进而产生"为什么"的问题意识，才会兴致勃勃地致力于问题的解决。

3. 幼儿主动学习的表现。

"醒目"课程有教师预设的集体教学活动，有主题背景学习中不断生成的学习活动，也有自由自主自发的区域游戏活动。在区域游戏和生成的学习活动中，幼儿学习的主动性、主体性、自控性都能得到充分的体现，在老师预先设置教学目标、教学内容、设计教学过程的集体教学环境中，幼儿表现出外在规定性和方向性的特点，在主动学习上也有其特殊表现。

（1）专注。专注是对事物保持较长时间的有意或无意注意，是学习优秀的表现之一。在集体教学中，教师可以通过幼儿表情及全神贯注状态来判断。专注需要一定的目的性、意志努力和内在动机。对于幼儿来说，最初的学习兴趣是由老师外在的调动唤起，不是对学习内容的感官兴趣，而是受课程内容创设的学习情境吸引，逐渐转化成内在需要和兴趣，对学习投入专注力，主动学习完成目标。

（2）好发问。幼儿在学习中，要将新获得的信息融入原有经验，对原有经验进行夯实、改造或重组，在这个建构过程中，如果新信息与原有经验之间存在矛盾、冲突，便会产生"问题意识"，引发幼儿主动学习，解决新问题。当有了新旧经验的冲突，幼儿就会产生思维的第一步——发问，包括自我发问、向同伴或教师进行求助性的提问，这些都是幼儿想解决问题时所作出的主动努力，但这种发问的问题多数是停留在"是什么"的层面，而没有达到"为什么"和"怎么样"的深度。由于这种带有依赖性发问的问题并不伴随相应的积极自主地做出假设和验证的行为，所以只能说是一种较低水平的发问。

（3）喜探索。所谓探索，就是指当人们遇到疑难问题时，多方寻求答案，为解决问题而作出的努力。由此引申开来，可知学习中的探索行为就是学习者解决问题的行为，探索过程就是尝试解决问题的过程。这一过程是学习者在意识到问题的基础上，主动解决问题的过程。因此，探索行为可以看作是学前儿童主动学习的行为表现。

从根本上来看，问题解决过程中的"探索"是一种典型的试误、顿悟的过程。在学前儿童的问题解决过程中，教师应当对其给予知识和理论的指导，这可以使学前儿童对问题情境中的条件有更充分的考察，而其在这个过程中所表现出来的探索行为也显示出一种渐进式的必然性和合理性，而不是突发的偶然性问题解决，体现出人类意识的主观能动性和对实践的指导作用，材料资源和思维工具则起到中介作用。从客观角度来说，探索是人们主动学习最充分的体现。

（4）爱争辩。学习者一般以自己的方式建构对于事物的理解，因而不同的人看到的是事物的不同方面。因此，对同一事物，不存在唯一标准的理解方式。对于学前儿童来说，由于年龄小、社会化程度偏低、他们的个体独特性更为明显。因此，在集体教学情境中，对于同一事物，不同的学前儿童往往会有不同的理解。特别是对教师首肯的某一答案提出不同的看法，坚持维护自己的观点则是学前儿童积极进行思考，真正从思想上参与到学习活动中的表现。客观来说，学前儿童与同伴或教师的争辩，正是学前儿童主动表达自己不同看法，充分调动原有知识经验、主动建构当前情境的表现，这在很大程度上体现出学前儿童的坚持性和创造性。

（5）能协商。当幼儿在学习中遇到困难时，主动向别的小朋友求助，商量解决问题的办法，这也是主动学习、自觉寻求问题解决方法的表现。

从本质上说，幼儿的主动学习实际上就是其"最近发展区"内的学习。既保证了学习内容和方法上有原有经验的基础，也为了维持幼儿学习兴趣，让其在一定程度上获得比原水平更高的发展。

第七节　区域"醒目"课程教学操作步骤

教学过程是实现教育目标、实施课程的核心活动。优秀的课程要转化成高质量的教学活动，需要对教学过程进行合乎教育思想的设计，只有优化的教学活动过程，才能最大限度提高教学有效性，充分实现教育目标。要全面实现教育目标，必须认真研究教学过程，弄清它的基本要素、基本规律和基本阶段，进而为科学地制定教学原则、确定教学方法、全面组织教学活动提供理论依据和认识基础。

区域"醒目"课程的编制从幼儿的生活背景出发，体现了课程的生活化、融合化、游戏化的特点，课程实施关注活动主体——幼儿的主动性、快乐性和创意性。在《醒目仔　识广府事》《幼儿园区域活动开展及材料设计》《幼儿园"醒目"大操节》的编写过程中，我都着重考虑了教学过程的环节和操作步骤。"醒目教育"区域课程的教学过程，可以设计成四大操作步骤。

一、步骤一：情境与问题

情境是人、事、物及其联系构成的综合体，既包括相对静止的自然界事物，也包括人类社会的精神物化品、人造物等，还包括社会的文化、风俗、行为环境，人的情感、态度、需要，以及由此形成的心理世界和心理环境等。

区域"醒目"课程教学过程的第一个步骤"情境与问题"，可以提高幼儿对情境的敏锐觉察和判断，这也是"醒目仔"对环境保持觉察力的培养手段之一。

具体操作：教师在《醒目仔 识广府事》预设的七大探究主题中，选择内容作为教学内容时，应该先从幼儿生活背景出发，发现儿童的需要和兴趣点，并判断这个兴趣点的教育价值，引导幼儿相互讨论生成想探究的若干小问题，教师再协助创设情境，提供玩具材料，以支持幼儿的知识建构和经验发展。

二、步骤二：计划与协商

计划是一种打算、一种方法，是做事前所思考并拟定的方案，对做事的预期结果的一种行动设计。计划具有两重含义，其一是对要做的事做出计划，是指对要做的事情的外部环境与内部条件进行分析后，提出在一定时间内要达到的目标以及实现目标的方案途径；其二是考虑要做的事情以什么形式进行，是指用文字、指标、成果等形式去表述所完成的事情，在一定时间内对行动方向、内容和方式做出安排。协商则是为了取得一致意见而不断地协调与商量，最终达成共识的过程。

区域"醒目"课程教学过程的第二个步骤"计划与协商"可以促进幼儿"沟通与合作"素养的发展。

具体操作：由教师与儿童共同确定小课题的主题，制定计划，计划可以随着课程的进行而调整。围绕幼儿想解决的、幼儿所发掘的"生成问题"组建合作小组。

三、步骤三：探索与改进

探索是多方寻求答案、解决疑问的过程，改进是对实际运用和计划的调整以便获得更好效果的行为。在这个过程中锻炼幼儿从多个角度、用多种方法不断解决过程中的疑问，努力去实现计划中的目标，这样可以促进"醒目仔""善用工具和自主发展"素养的发展。

具体操作：幼儿与同伴密切合作，运用身体的感知觉，合理利用工具和身边的资源，自己拿主意，自己安排，进行具体操作，教师收集体现幼儿高质量学习和探究过程的记录并进行分析反思，并对这种以直接经验获得为主的探索过程，进行一定的观察分析评价，给予幼儿适时合理的支持，促进幼儿持续探究。

四、步骤四：表达与交流

幼儿的表达方式是多种多样的，语言不是儿童唯一的表达方式，他们可以通过五官作出各种各样的表达，有表情表达、有肢体动作表达，有用画、涂、写、剪、贴等方式表达，还可以综合应用多种感官一起加深和准确表达自己的发现和探索结果。交流是指幼儿在听了教师或同伴质疑之后做出的解释和交流性互动。这些环节可以促进"醒目仔""文化意识 沟通交流 自主发展 善用工具"等多种素养的发展。

具体操作：对在情境中发现的问题，进行探索解决的课题成果由幼儿呈现，班级环创或课题的主题墙留白由幼儿作品填满。幼儿的经验获得按照他的意愿，进行多种形式的表达。

"醒目"课程教学过程的四大步骤，体现了以教师为主导、以幼儿为主体的课程观，体现了"醒目教育"核心理念，是"培养醒目儿童 让幼儿离苦乐学"的重要举措，是新旧教育观的分水岭和与其他课程的又一个区别之处，是有效促进"醒目"儿童四大意识、八大核心素养发展的重要途径，在课程教学过程中应该认真执行。

第六章

"醒目教育" 区域课程

　　怀着"培养醒目儿童　让幼儿离苦乐学"的教育初心，我在18年的研究探索中，从幼儿生活中具体的人、事、物入手，根植广府文化，从人文情怀、体能素质、智力发展三大方面构建区域"醒目"课程。

　　"醒目教育"区域课程的实践探索，遵循幼儿的年龄特点，以感官带动，探索周围环境中的人、事、物，通过实际操作、亲身体验，去模仿、感知和认识世界，积极主动地"玩中学""做中学""生活中学"，积累直接经验，逐步构建自己的认知。什么样的课程才能实现"培养醒目儿童　让幼儿离苦乐学"的教育初心？我在18年的研究探索中，从幼儿生活中具体的人、事、物入手，根植广府文化，从人文情怀、体能素质、智力发展三大方面构建区域"醒目"课程，促进"醒目仔"学习成长。

第一节　人文课程——醒目仔　识广府事

　　《醒目仔　识广府事》（以下简称《醒目仔》），是"基于广府优秀文化而育"的幼儿园课程资源，是荔湾区落实广东省《指南》实验区研究的具体内容，是为实现文化传承和幼儿发展的双向服务的创生课程，是一门珍惜幼儿生活经验的独特价值的课程，也是一门回归幼儿真实生活的人文情怀课程，还是一门让幼儿主动地、自主地社会化，积累有益生活学习经验的课程。

　　"基于广府优秀文化而育"的幼儿园课程资源编制，包含了《纲要》中倡导的四种基本成分的课程内容：其一，关于周围世界（包括自己）的浅显而基本的知识经验（以直接经验为主）；其二，关于基本活动方式（包括认识活动）的行动经验（"做"的经验）；其三，关于发展智力、提高各种基本能力的经验；其四，关于对待世界（包括自己）和活动的态度，即情意方面的经验。这体现了课程的主体性、开放性、整合性、生成性与预成性的结合，强调了过程与方法、情感态度与价值观的培养，同时也注重传授基本的知识和基本技能的习得，还为孩子提供更多丰富多彩的学习资源。

　　"基于广府优秀文化而育"的幼儿园课程资源，是根据《指南》精神，结合最具广府文化特色的内容编写而成，是广府地区的幼儿园有目的、有计划地在幼儿园有准备的环境中开展的，能够帮助幼儿获得有益学习经验并促进其身心全面和谐发展的各个环节、各种活动的总和。本课程资源立足于幼儿的生活经验，在家园社区中共同实施教育，是幼儿园课程体系中的地方课程、通识性的国家课程（基础课程）和幼儿园的园本课程（特色课程）相互补充，协同实施，是教师系统地指导幼儿认识、熟悉广府文化的人、事、物，并欣赏乡土、促进对乡土产生浓厚的特殊感情的课程资源。

一、课程性质与课程特点

（一）课程性质

《醒目仔》是以广府文化特色为素材编写的幼儿园乡土课程资源库，是在地方行政部门领导下研制成功的地方课程。这种形成直接经验或者说是建构成已有经验的课程资源，是以帮助幼儿为终身学习打下有益性关键性经验为核心目标的课程资源，是贯彻综合素养教育，建立新的教育观、知识观、儿童观和发展观的一种新型课程。本课程注重幼儿在生活中实际产生的问题，并对问题产生兴趣，自觉寻找多种途径，努力探索问题答案的教育方式，是一种因兴趣而产生不断探知的动态的课程形态，因此本课程不是一成不变的，而是具有一定的弹性和张力。

本课程资源为地方课程，是通识性国家课程（基础课程）和园本课程的有力补充，是一种纯地方内容的教育资源和读物，是使幼儿全面了解本地的人、事、物的源头。本课程资源具有自己独特的功能和价值，也是一门相对独立的课程，与其他课程具有等价性与互补性，但也明显受地域文化局限。广府文化地区的幼儿园应积极应用本课程资源，每学期执行课程时间约一个月，占学期课程总量的25%左右，亦可与其他课程配合使用。经过多年实施，课程拓展和应用得好的话，也可成为幼儿园的主要课程。

（二）课程特点

1. 地方性。《醒目仔》是广东省基础教育课程改革《指南》实验区的立项项目，是根据广府文化特色的幼儿园课程资源研究编制而成，是以新课程改革为时代背景，以乡土民间文化的教育理论和《指南》精神为指导，以广府文化为载体来研究编写的幼儿园课程资源。课程内容全部取自广府地区的人、事、物，以其历史、地理、社会、文化、经济为教育资源，选材也是广府地区的自然景观、文化习俗等，因此，具有浓郁的地方特色。这些题材无不充满着人文性，可以对本区域每一个幼儿浇灌一份人文情怀，是一项区域性明显的课程资源。

2. 整合性和综合性。《醒目仔》在结构上一方面延续以往老师们所熟悉的学科本位式的集体授课的组织方式，保留了整合性主题探究活动的课程编排形式。另一方面在《指南》的理念下，提出了课程实施的途径，包括区域活动、日常生活和家庭社区合作三种组织形式。希望教师们能够多种组织方式相互兼顾融合，保证系统化的最基础知识和技能的获得，保证"一日生活兼课程"理念的建立和随机教育的灵活应用，保证幼儿可以按自己兴趣，在主题探究活动中，在区域活动中主动参与学习，在家庭生活和社区活动中，有机会延续学习，获得更多直接经验、提升综合能力和知识。本课程资源在编录上多数采用主题探索活动，以区域活动为主要组织形式，关注课程的可延伸的特点，以及幼儿学习与发展的整体性，注重领域之间、目标之间的相互渗透和整合，不片面追求某一方面的发展，这充分呈现了课程设置的整合性和综合性特点。

3. 实践性。《醒目仔》不以传授知识为中心，而是注重游戏和生活的独特价值，注重幼儿园的教学活动、一日生活、区域游戏和在家庭社区的全方位立体空间中的各个环节中的经验获得，并加强课程与经验形成的联系，尊重幼儿亲历性经验的形成和整合。因此课程设置上重实践性，尊重幼儿已有经验和生活情趣，并立足生活和经验，按照幼儿的学习方式和特点以及幼儿发展的个体差异性，注重创设丰富的教育环境，支持和满足幼儿在真实环境和教师预设环境中通过直接感知、实际操作和亲身体验等方式获取丰富的直接经验，倡导课程要回归幼儿的生活世界。

本课程以幼儿现实生活为基础，既安排了以学科知识逻辑序列构建的单元学科课程，又安排了不局限于书本知识和教师预设课程的主题探究式活动课程，来强调教育教学活动的实践性和幼儿亲历经验的形成，在"做一做""玩一玩""探究活动""调查访问"中发现和解决问题，体验和感受生活，让幼儿发展其能力。

4. 生成性。《醒目仔》课程资源的设计编写有别于其他教材的理念。本课程资源所有的内容都可以以单元或主题为单位，供教师自主选取，再根据活动中幼儿的兴趣聚焦点派生出新的内容——生成课程。因此，不建议教师直接拿来就用，而是要根据幼儿园所在社区的资源、社会节庆活动、幼儿的生活背景和经验水平、幼儿园的办学特色等，挑选相关内容组织教学。本课程仅仅为教师组织以地方文化特色的教学活动提供了一个引导幼儿学习的平台和切入点，在课时比例上也机动灵活，没有规定要完成的课程时间和课程数量，因此本课程具有生成性的特点，这也正是本课题研究最具闪光点的地方，是本课程核心的教育思想。

5. 自主性。本课程与其他课程相比，其内容更贴近幼儿生活，以帮助幼儿获得最具价值的核心经验，教育手段也采取幼儿高度自主探索的模式，为幼儿自主学习、自主发展提供了更为宽松、自由的空间，使幼儿在探究求知中不受学科知识体系和逻辑结构的限制，能处于主体地位。本课程注重幼儿自己发现问题、自己收集资料、自己解决问题，为幼儿主动学习积极性的培养创造了条件。

6. 实用性。本课程通俗易懂，趣味性高，教师容易教，家长方便指导，学生乐于探究。本课程是以广府文化为背景的，所呈现的素材，都是幼儿生活中可以耳闻目睹的，甚至是可以直接体验的熟悉事物。因此，通过学习、感知、体验本课程，相信每一个孩子，都会对广府的人、事、物产生由衷的亲切和尊敬之情。同时，作为配合德育和人文素质教育的课程，从爱家乡到爱祖国到传承家乡优秀的独特文化，本课程还产生了这些积极的教育作用。

二、课程资源的基本理念

（一）课程资源开发原则

1. 生活性原则。幼儿的生活经验是课程资源开发的出发点。围绕幼儿熟悉的事物开展活动，容易被幼儿理解和接受，有利于提升已有知识经验，获得丰富的社会情感体验，从而得到和谐发展。

2. 科学性原则。一方面，课程资源既要传承民间文化，又要紧跟时代发展，展现的生活背景和内容不能脱离幼儿当今的生活实际，避免造成不切实际的距离感；再者要将收集到文化资源，根据幼儿年龄特点做适度创新，将现代元素融入，提高生动性和趣味性；另一方面，随着社会的发展，人们的生活方式、价值观念也不断演变，使传统的民间文化存在局限性，甚至夹杂着不健康的内容，在选用时要进行改编，取其精华去其糟粕，使选用内容各方面符合幼儿健康发展要求。

3. 地域性原则。文化来源于地域，地域性是文化特色课程资源的基本前提。因此，课程资源应从地域的自然、文化和社会特点出发，开发适合幼儿学习的地域素材和活动，以加深幼儿对自己生活环境的认识和了解，培养对家乡的情意。

4. 参与性原则。家长参与幼儿教育是当前课程建设的一种主要趋势，特别是以家长耳濡目染的地方文化为主导的课程，家长和幼儿不仅受文化的滋养，而且也参与了文化的传承和建构，因此家长们是有能力也极有可能在不经意间就深度参与进来了。家长参与地方文化课程的实施，不仅可以加深自身与孩子间的亲子之情，还有助于帮助家长树立教育无处不在、无时不在的意识，学会捕捉身边教育机会，随机开展教育。家长各自的知识背景和专业经历，更能为地方文化特色的课程实施提供多元视角和支持。

（二）课程设置的基本理念

本课程重视在幼儿熟悉的生活环境中寻找幼儿喜爱的内容，按照幼儿认知发展的规律，整理成课程；重视环境的创设，幼儿在感到自己在心理上、精神上、身体上是安全的环境时，将身心放松，在内心宁静中愉悦地学习；强调并重视幼儿的学习是一个主动建构的过程，强调自主学习的价值；强调教师必须在环境中物化教育目标，把环境当作促进幼儿发展的一个重要途径；强调教师必须十分重视幼儿的各种活动，并努力为幼儿提供多种体验"主体与客体相互作用"的机会；强调教师为幼儿提供的多种活动，让幼儿多种感官参与、多方面智力发展；强调教师对幼儿学习的引导、引领作用——即教师要敏感地觉察到幼儿的学习兴趣与需要，并且根据这种学习兴趣与需要，提供有效的支架，引发幼儿主动探索、持续学习；强调通过提供可选择的、自主的、多样化的教育过程，做到尊重幼儿的个体差异和因材施教；强调本课程实施不仅在活动室里，还会在幼儿生活的社区和有幼儿、教师互动的任何地方；强调教学过程必然是整合的、综合的和有弹性的。本课程把幼儿的生活、游戏作为幼儿学习的主要途径，在做中教、在做中学，真正地解放幼儿。

（三）课程的编制及使用

本课程超越了传统课程的编制模式，使幼儿能在集体学习中生成课程，再结合生活，置身于现实的生活环境中，获取终身学习所需要的核心性质和关键性经验，涉及情感、态度、行为、能力和价值观这几方面。

《醒目仔》结合广府文化特色内容，根据幼儿年龄特点，在《指南》理念指引下编写而成，共设七项课程资源，各项课程资源又根据主题要求设若干个单元内容，内容之间富有弹性和张力，其内在不存在先后顺序的逻辑关系。一方面这样的设计可帮助教师立足于幼儿园所在社区的课程资源、幼儿的生活背景和经验水平、幼儿园的办学特色等，挑选相关内容组织教学；另一方面教师可以不拘于有限的书本内容，而是根据本班幼儿的生活经验和兴趣爱好，在原来预设的基础上生成更多更丰富多彩、生动活泼的教育内容，使预设的内容成为引发孩子兴趣的切入口，成为孩子进一步探索的基础点，把书本内容拓展到生活中去，通过家园共育，引发幼儿持续的关注和探索，并在全方位立体化的学习活动中，培养孩子爱家乡的情感，拓展见识面，丰富知识，提高动手能力，学会自学，学会探究，真正为孩子一生可持续发展、终身发展奠定良好基础。

本课程均以小组游戏和集体游戏活动以及主题活动形式呈现。"游戏活动"的组织侧重于让孩子掌握核心知识或技能（玩法或做法），因此主要以授课式活动为主，而主题活动的多项内容，则侧重于家园共同配合，让孩子从生活实践中积累直接经验，培养孩子的热爱生活，乐于与人交往和乐于动手探索等良好的学习品质。

本课程资源是通识性国家课程和园本课程的有益补充，应每学期组织执教约一个月，占学期课程总量的25%左右，可与其他课程配合使用，经过多年实施，若课程拓展和应用效果不错，也可成为幼儿园的主要课程。

（四）课程学习观与学习类型

"在与环境的积极互动中构建有益的经验"是本课程主要学习观。

教育环境是完成本课程，达成教育目标的关键。教育环境是启发、维持幼儿学习的重要外部条件。实施本课程时，要求在一个安排合理的环境中进行，这环境是幼儿园的重要教育资源，不但可以营造轻松愉快的学习气氛，同时还可以促进幼儿全面发展。幼儿的学习环境包括两个方面：

1. 精神氛围。幼儿能够感觉到的教师和保育员对待他们各种行为的态度，这种态度形成了班级氛围，本课程要求形成理解、接纳、关爱的氛围。

2. 物质材料。幼儿园室内外各种活动区（角）、相关材料、活动室墙饰、生活设施、空间安排等。如：全园环境的设置中应有广府文化元素和氛围；班级环境设置中应围绕所选择的主题，创设反映幼儿学习进程的课程网络和学习成长网络，并在各活动区域投放与当前主题内容相关联的学习材料；提供反映幼儿学习进程的成果展示或个人表现演示台。

教师需要制定有效的规则，让幼儿自觉遵守。另外活动区的布置和设施应与主题相匹配，根据活动及时调整和投放材料。活动区的材料也必须品种多样、数量充足、可操作性强，特别是要注意环保和持续发展意识。

三、《醒目仔》区域人文课程目标

《醒目仔》区域人文课程是国家通识性课程的补充，属于地方特色素材性质的课程资源，是课程中一道美丽的风景，有其自身的目标体系。

（一）《醒目仔》课程的总目标

1. 幼儿学习目标。

（1）能够感受广府文化的丰富和魅力，培养对家乡的情感，增加对家乡的了解。

（2）能够对不同表现形式与风格的广府文化产生兴趣，掌握简单的广府文化的知识与表现技能，形成初步的审美情趣。

（3）能够尝试用自己喜爱的方式，在《醒目仔》课程活动中，充分、大胆地参与生活实践和游戏活动，发展创造潜能，丰富直接经验的经历。

2. 教师引导目标。

（1）鼓励幼儿通过对广府文化的体验和探究，引导幼儿在生活中善于思考和发现问题的积极态度，掌握探究问题和独立解决问题的简单的路径方法，培养热爱和感恩生活的积极情感。

（2）初步形成对自我、自然和社会相互联系的整体认识。

（3）引导幼儿养成与人合作、主动分享、积极探究等终身受益的个性品质。

（二）《醒目仔》各课程资源的总目标

各课程资源分别取自于广府不同的文化内容，再结合《指南》的核心理念，根据幼儿不同年龄特征的发展情况，从更具体的实际操作意义上体现课程资源的分层目标和探究要点。

1. 粤语文化——粤语乐。通过在幼儿学习和一日生活中有机渗透粤语相关活动，让孩子感受粤语独特的语言魅力。

2. 工艺文化——扮靓靓。通过传统工艺活动引导幼儿欣赏生活中各种各类的民间工艺作品，品鉴其精湛的工艺，培养幼儿的审美情趣和对工艺艺术的敏感性，发展民族精神和品德性格，启发其智力、想象力、创造力，陶冶性情；

积极创造条件，支持幼儿进行民间工艺的粗浅技术尝试活动，并鼓励大胆表现；尊重幼儿在充分的工艺欣赏之后的自发表现和创造，并给予适当的指导，使幼儿初步习得核心的技术和工艺程序；让幼儿感受生活的美好，热爱生活，对生活有幸福感。

3. 节庆文化——过大节。通过传统节日相关活动，引导幼儿认识到生活中一些必不可少的特定日子，感受其深层的意义、特定的仪式感，随着岁月的增加，认知的加强，对节日的到来有期盼和好奇心，乐于感知节庆习俗，积极主动参与节庆活动，体验乐趣，感受生活的美好，产生认同与归属感。

4. 建筑文化——起大屋。通过建筑相关文化活动，引导幼儿了解"家"的文化理想，即满足物质生活，寄托精神；感受建筑外在的表现力，欣赏其艺术美感，并尝试了解建筑中蕴含的丰富科学道理，通过建构游戏材料，大胆动手搭建自己心中想象的家园。

5. 美食文化——扮家家。通过饮食文化相关活动，引导幼儿在生活中发现最熟悉最常见的美食佳肴，通过品尝体验丰富多样的广府美食，感受美食的丰富、精美和独特魅力，产生热爱广府本土美食的美好情意，了解广府美食的组成部分、用餐礼仪和健康用餐常识，通过"尝一尝""做一做""演一演""玩一玩"等游戏活动，不断积累对广府美食的美好情感。

6. 民俗文化——好意头。通过祈福文化相关活动，培养幼儿尊重民间习俗，从正面了解祈福文化中有积极意义的内容，传扬诚信、友善的社会主义核心价值观，培养真善美的情感，向往生活的美好，萌发积极的人生观。并能够迁移生活中民俗祈福活动经验，与同伴合作进行祈福游戏，友好相处，共同解决游戏中出现的问题，不断拓展游戏内容，体验活动的乐趣。

7. 乡愁文化——我的家。通过广州地理探究相关活动，指导幼儿认识广府地区的地图（以广州为例），从中发现地图中的秘密，了解广府地理特点、名胜古迹、特色美食等；通过了解与广府文化相关的美景，产生对广府地区文化的亲切感和喜爱之情，从而认同广府文化，具有自豪感和归属感。

此外，"单元活动"应以游戏为主要组织形式，突出知识性、技能性和娱乐性的特点，侧重于让孩子掌握核心的、基础的知识和技能，获得间接经验，以启发孩子的思维。"主题探究活动"应强调让幼儿走进生活，通过了解问题、亲身体验问题，找到正确解决方法。主题探究活动的组织方式更灵活丰富，注重亲身经历和实践感受，一方面侧重于让孩子掌握学习方法，拓展视野，发现专项内容的专业、高深、宽广、无穷的特点，引发有钻研精神的孩子持续不断、孜孜不倦地研究，并在研究中大胆表现自己的成果，以进一步激发其表现欲和自信心；另一方面让孩子从实践中获取直接经验，积累生活经验，培养孩子的动手和与人交往的能力。主题探究活动要求教师鼓励孩子积极参与到各项活动中去，在实践调查、探究中提出问题、体验生活，培养创新精神和实践能力，培养孩子在研究中大胆表现自己，并从设计解决问题的策略和实践中获得有益经验。

（三）各课程资源中目标体系的相互联系

《醒目仔》各课程资源的目标体系之间对发展的目标及作用各有侧重和不同，培养的人文情感也是个逐渐积累和递增的过程，各年龄段设置的单元内容是一致的，培养的综合素养结构是相同的，但活动的目标层次是由浅入深的，学习探究过程贯穿儿童的整个幼儿园学习阶段。因此，在综合素养的能力提升上各单元是相互促进相互融合的关系，不分彼此功劳高低多少。

四、《醒目仔》区域人文课程内容

幼儿是生活在真实的社会中的，对社会文化生活的敏感觉知，有利于幼儿与社会更融洽，身心更加和谐、协调地发展。

区域人文课程是"醒目教育"十分重要的内容，世界是由自然和社会组织构成的，对社会的认识，要从日常生活、社会文化入手。区域"醒目"课程目前已经开展、实践并提供了教师指导用书《醒目仔》。

（一）《醒目仔》课程概述

《醒目仔》是广州市荔湾区区域课程，是区域每一所幼儿园的课程资源，是为实现文化传承和幼儿发展的双向服务的创生课程，是一门珍惜幼儿生活经验的有独特价值的课程，也是一门回归幼儿真实生活的具有人文情怀的课程，还是一门让幼儿主动、自主地社会化，积累有益生活学习经验的课程。一方面，荔湾区当地的文化资源就是地方课程最重要的资源和最主要的来源。它需要课程开发者充分重视并挖掘各个地方在长期的历史变迁及特定的地理环境下形成的、具有浓郁地方特色的文化资源，并将这些素材转化为具有教育价值的课程，让它进入幼儿园教育活动之中，并通过教师的创造性运用，切实地发挥文化的育人功能。另一方面，要促进幼儿的可持续发展，必须要关注地方文化对幼儿成长的意义。"从一个人出生时起，文化就对他进行着潜移默化的影响，塑造着他的精神世界，对他的精神世界进行着建构。'建构'不仅是意义之建立、构造、积累和凝聚，更是集义、明义、知义、相蕴、涵合与内化，是自我打开心灵接受文化世界的价值和意义，是文化世界启迪心扉、春风化雨、润物无声，就像细雨潜入夜一样。这种价值意识建构的天然契合，是通过文化世界和人的灵明心性各自不同的自我组织能力来实现的。"幼儿正是在地方文化的浸淫中逐渐融入"人"的社会，实现从"自然人"到"社会人"的转变。

幼儿的年龄特点，使得幼儿对于身边的人情风物有更为具体形象、直观深刻的感知和认识。"基于广府文化而育"的《醒目仔》课程编制，包含了《纲要》倡导的四种基本成分的课程内容：其一，关于周围世界（包括自己）的浅显而基本的知识经验（以直接经验为主）；其二，关于基本活动方式（包括认识活动）的行动经验（"做"的经验）；其三，关于发展智力、提高各种基本能力的经验；其四，关于对待世界（包括自己）和活动的态度，即情意方面的经验。这体现了课程的主体性、开放性、整合性、生成性与预成性的结合，强调了过程与方法、情感态度与价值观的培养，同时也注重传授基本的知识经验和基本技能，还为孩子提供更多丰富多彩的学习资源。

《醒目仔》根植于广府文化地区，以该地区的历史传统、社会文化、民风民俗等相关内容，根据《指南》精神，以培养"醒目"儿童为教育目标，有计划、有步骤地按照科学规范的操作程序来完成编制，是幼儿园在浓郁的广府文化大环境中开展的，能够帮助幼儿获得有益的学习经验并促进其身心全面和谐发展的各个环节、各种活动的总和。

《醒目仔》课程立足于幼儿的生活经验，在家园社区中共同实施教育，是构成完整的幼儿园三类课程体系中的地方课程，与国家课程和园本课程相互补充、协同实施。这也是教师系统地指导幼儿认识、熟悉家乡的人、事、物，并欣赏乡土、对乡土产生浓厚的特殊感情的课程资源。

（二）《醒目仔》课程内容

《醒目仔》课程内容聚焦广府文化丰富的内涵和广泛的资源，结合广府经典文化特色内容，根据幼儿年龄特点，在《指南》理念指引下，在培养"醒目"儿童的目标的引导下编写而成。全书上篇的课程部分，按七大板块的文化体系，由基础知识、基本活动（游戏）、发展智力和能力的内容构成，培养了幼儿的情感和态度的经验，对丰富而繁多的地方文化资源进行了梳理、甄别和选择，根据幼儿身心发展特点以及幼儿园教育活动的组织规律，将适合幼儿发展的文化资源结构化和课程化，向幼儿展现了广府优秀文化的精髓与风采，对课程内容选择、设计思路、实施步骤以及课后评价均提供了具体的实施建议。

1. 课程基本内容。

课程内容体系包含两大模块，一是以学习活动为主的"单元"；二是以自主游戏为主的"主题探索"，共有七大课程资源二十八个项目，分别为：

资源一：粤语文化——粤语乐。包括童谣体育游戏、童谣音乐游戏、粤语讲古活动、粤曲粤剧活动等与粤语有关联的活动；

资源二：工艺文化——扮靓靓。包括广彩、广绣、雕刻、陶艺等与美化生活，提升生活品质有关联的活动；

资源三：节庆文化——过大节。包括元宵节、清明节、端午节、中秋节、重阳节、春节等与本民族传统节庆有关联的活动；

资源四：建筑文化——起大屋。包括西关大屋、骑楼风情、岭南园林等与传统建筑有关联的活动；

资源五：美食文化——扮家家。包括早茶、粤菜、靓汤、凉茶、甜品等与美食有关联的活动；

资源六：民俗文化——好意头。包括开笔礼、舞龙醒狮、飘色、生菜会等与民俗祈福有关联的活动；

资源七：乡愁文化——我的家。包括广州地图、广府美景等与广府文化地区特有的显性的物质文化有关联的活动。

2. 课程实施。

《醒目仔》实施应遵循：协同发展原则；过程价值与终极目标相统一原则；本土性原则；开放性原则；处理好"学"与"导"的关系；处理好"生成"与"预成"的关系；处理好"过程"与"结果"的关系；处理好"知识"与"能力"的关系。

《醒目仔》课程要求教师树立五种观念：促进幼儿发展的意识观念；增进目标导向意识的观念；尊重幼儿主体地位的观念；引导幼儿主动探索的观念；具有整合教育的观念。要求教师着重提高：尊重、信任幼儿的意识和能力；目标导向意识和确定目标的能力；有学习、反思、研究及调整自己教育行为的能力；依据幼儿兴趣和需要，确定教育内容的能力；引导幼儿依据兴趣和需要生成活动的能力；依据内容引导幼儿参与环境创设的能力；引导幼儿积极主动活动并在活动中贯彻多元智能培养的能力；保教结合的能力；促使家庭、社区、幼儿园形成合力的能力；观察、记录、评析幼儿活动的能力。

　　课程实施的组织形式：集体学习，小组学习，个别学习。

　　课程实施的途径：重视家园社区共育，强调学习的亲历和体验性，关注学习发展的整体性、学习的活动性和活动的多样性，以及幼儿学习的自主性和主动性。

　　课程融入其他课程途径：①通过建构主题活动融入，②通过特色活动融入，③通过建构区域融入，④通过日常生活融入，⑤通过家园社区共育融入。

　　课程的实施要兼顾国家、地方、园本课程，做到整合与平衡、和谐与统一，建议《醒目仔》作为一种地方课程，可以占课程总量的30%左右，另外课程选择的比例和预设课程、生成课程的比例都是一个动态值，需要教师根据幼儿实际情况，用高度的教育智慧来权衡，选用度量。

　　3. 课程评价。

　　《醒目仔》课程资源在学习活动中的评价，倡导围绕促进幼儿发展的核心素养，教师需注意发现和发展幼儿多方面的潜能，了解幼儿成长中的需要，帮助幼儿在原有水平上进行提高。评价还起到了教师了解和改进教学的作用，关注评价的全面性、过程性、正面性、主体性和实效性，重视形成性评价、质性评价和发展性评价的结合。

　　评价内容：学习品质和态度，学习方法和研究方法的掌握情况，再学习能力和保持学习的热情，学习好习惯养成。

　　评价指标：情感、态度、价值观的发展，知识与技能，能力发展，经验形成。

　　评价方法：成长档案评价法，行为表现评价，单元或主题活动评价手册。

五、《醒目仔》课程各主题单元的课程导读

（一）粤语文化——粤语乐

1. 课程理念。

粤语是广府文化的语言载体，是除普通话外唯一的全功能语言，有丰富的文化特色和迷人的语言色彩，粤语有意有字有拼音，可文可俗，可书面可口

语，可传递任何意义的信息，它有六种声调，比普通话多两种，表达起来生动形象，旋律感强，是广府文化精神的"活化石"。要使粤语被真正地重视，必须从娃娃抓起，只有学好粤语，才可能喜欢广府文化，进而认识并传承广府文化，发挥教育的文化传承功能。

2. 课程目标。

（1）粤语与普通话口语能共同成为广府文化地区的幼儿园交流语言，幼儿能够自如地运用粤语口语。

（2）在幼儿园生活学习中，有机渗透粤语，让幼儿充分感受粤语的魅力。

（3）通过符合幼儿认知特点的童谣、传说，开展民间体育游戏、民间音乐游戏、粤语讲古游戏，引导幼儿欣赏家喻户晓的粤曲曲调和粤剧表现方式。

3. 课程内容。

民间体育游戏；民间音乐游戏；粤语讲古游戏；粤曲粤剧欣赏活动；粤语木偶表演游戏；粤语剧表演（话剧）游戏。

4. 课程实施。

（1）粤语学习应该渗透到一日生活的各个方面，自然贯穿于各个领域的教学活动和游戏之中，成为除普通话之外的最重要的语言沟通交流方式。

（2）通过集体教学等形式，最快捷有效地传递核心的表征性知识和粗浅的技能。

（3）在自主区域游戏中，允许运用粤语交流，发展人际交往能力，拥有理解他人、判断交往情境和组织自己思想的能力。

（4）通过家长配合和社区支持，扩展和丰富幼儿的生活经验。

5. 课程评价。

（1）认真听并能听懂常用粤语。

（2）愿意用粤语与人沟通。

（3）能清楚地用粤语进行表达。

（4）具有文明的语言习惯。

（5）喜欢听粤语童谣和故事，并积极参与粤语组织的游戏活动，对粤曲和粤剧不反感。

（二）工艺文化——扮靓靓

1. 课程理念。

广府工艺源远流长，博大精深，蕴含着广府地域人民独特的文化记忆和民族情感，体现了人们对美的理解和对美好生活的追求，蕴含着人的智慧与创造力，是广府文化的重要组成部分。面对着目前高科技生产和全球化的汹涌浪潮，广府工艺濒临无人传承的危机，如何维护我们自身的文化命脉，保持和发扬自己的民族特性及文化个性，已成为广府人的重要课题。

《指南》指出："幼儿艺术领域学习的关键在于充分创造条件和机会，在大自然和社会文化生活中萌发幼儿对美的感受和体验，丰富其想象力和创造力，引导幼儿学会用心灵去感受和发现美，用自己的方式去表现和创造美。"广府工艺品具有很强的艺术价值和独特魅力，是幼儿生活中喜闻乐见的事物，引领幼儿对我们工艺的关注和开展工艺教学活动，可以让幼儿发现生活的美好，用自己的视觉、笔触、动作、语言和工艺作品，装点生活。

2. 课程目标。

（1）引导幼儿感受欣赏生活中各种各样的民间工艺作品，品鉴其精湛工艺美。

（2）积极创造条件，支持幼儿进行艺术活动并大胆表现，培养幼儿的审美情趣和对工艺艺术的敏感性，发展民族精神和品德性格，启发其智力、想象力、创造力，陶冶性情。

（3）尊重幼儿在充分的工艺欣赏之后的自发表现和创造，并给予适当的指导，使幼儿初步习得核心的粗浅技术和工艺程序。

（4）热爱生活，感受生活的美好，对生活有幸福感。

3. 课程内容。

广彩工艺、广绣工艺、雕刻和雕塑工艺、陶艺工艺，以及与美化生活相关的活动。

4. 课程实施。

（1）通过集体教学，高效传递核心表征性知识和基本技能。

（2）在自主区域游戏中，提供便于幼儿取放的材料、工具或物品，支持幼儿自主进行广府工艺活动。

（3）通过家长配合和社区支持，鼓励幼儿在生活中细心观察、体验，为艺术活动积累经验与素材。

5. 课程评价。

（1）喜欢广府工艺作品，关注其色彩、形态等特征；乐于并把生活装点得更加赏心悦目，带来幸福美好的心理体验。

（2）乐于观看工艺创作的作品，欣赏时会产生相应的联想和情绪反应，愿意和别人分享、交流自己喜爱的作品和美感体验。

（3）大胆使用工艺制作材料，用恰当的方法积极参与工艺制作并乐在其中，有自己比较喜欢的项目，能用多种工具、材料或不同的表现手法表达自己的感受和想象，活动中能与他人相互配合，也能独立表现。

（4）能用自己收集的工艺物品或制作的美术作品布置环境、美化生活。

（三）节庆文化——过大节

1. 课程理念。

传统节庆形式多样，内容丰富，包含着中华民族的悠久文明。保持并发扬民族传统节庆习俗，不但可以发扬优良传统，弘扬民族文化，增强民族凝聚力，还能彰显民族特色，打造民族精神，这是教育者传承文化、延续历史的一分责任。

传统节庆活动是生活中必不可少的特定日子，与幼儿真实生活息息相关，其仪式感、生活性、娱乐化的特点为幼儿所喜爱。幼儿园课程应与幼儿的生活背景、生活事件紧密结合一起，使幼儿在原生态的生活中，在教师设计的节庆环境中，通过自主游戏发现和解决问题，促进发展，完善人格。

2. 课程目标。

（1）对节日的到来有期盼和好奇心，乐于感知节庆习俗，积极主动参与节庆活动，体验乐趣，并与同伴合作，用多种形式分享乐趣，表达感受，产生认同与归属感，把文化传统内化于心中，以期长大后将其发扬光大。

（2）关心家人和同伴，热爱生活，感受生活的美好，对生活有幸福感。

3. 课程内容。

中国法定的传统节日：春节、元宵节、清明节、端午节、中秋节、重阳节；还有民间意义重大的节庆活动，如：乞巧节、寒衣节、冬至等。

4. 课程实施。

（1）在真实的节庆生活体验中，感知节庆的习俗习惯。

（2）在教师准备的环境材料中，开展节庆游戏，加深认同感。

（3）通过家园社区联动，丰富节庆的内涵，传承发扬节庆。

5. 课程评价。

（1）积极参与节庆活动，对传统节庆有期待。

（2）乐意感知节庆的习俗习惯，产生认同感。

（3）体验节庆活动乐趣，用多种方式表达感受，有归属感。

（四）建筑文化——起大屋

1. 课程理念。

建筑是凝固的文化，体现着一定时期一个国家、地区、民族和个人的经济水平，是一个时期科技与艺术的综合反映。建筑在某种意义上承载一个"家"的文化理想，是家庭生活的核心，它富有外部的表现力，是人们生存意志的体现和表述，在满足人们物质生活需要之外，还寄托着精神。

广府建筑文化，主要以西关大屋、骑楼风情、典雅园林为代表，反映广府的建筑风情习俗。"家"是人们生活的地方，与建筑有千丝万缕的关系，建筑文化中蕴含着多方面的教育价值。

2. 课程目标。

（1）了解建筑中"家"的文化内涵。

（2）感受建筑外在的表现力，欣赏其艺术美感，尝试了解建筑中蕴含的丰富科学道理。

（3）通过建构游戏材料，大胆动手搭建自己心中想象的家园。

3. 课程内容。

西关大屋、骑楼风情、典雅园林。

4. 课程实施。

（1）通过家园社区联动，到实地欣赏著名建筑，了解其结构特色，并用多种方式表达自己的感受。

（2）在教师提供的环境材料中，开展游戏，搭建自己心中想象的家园建筑，感受建筑的科学性、艺术性和社会性。

5. 课程评价。

（1）欣赏广府文化中的建筑美，能用多种方式表达自己的感受和认识。

（2）探索广府建筑中蕴含的科学知识，能通过积木等材料体验搭建技术。

（五）饮食文化——扮家家

1. 课程理念。

广府的美食文化灿烂，素有"食在广州"之说，广府人对美食有一种与生俱来的热爱。饮食生活与幼儿的成长紧密相连，是孩子最熟悉的事物之一，也是孩子们"扮家家"中不可缺少的重头戏。如何让孩子们更好地感受和了解浓郁的广府美食文化？可通过进餐礼仪、环境营造艺术、食材搭配，美食中的色、香、味、形，还有特色的饮食习惯等让孩子感受广府美食中蕴含着的丰富的文化价值与教育价值。

2. 课程目标。

（1）感受欣赏广府饮食文化的独特魅力，产生热爱广府本土美食的美好情意。

（2）了解广府美食的组成部分，了解用餐礼仪及健康用餐常识。

（3）积累广府饮食文化生活经验。

（4）在游戏中获得与人沟通交流和交往相处的相关经验。

3. 课程内容。

品尝、体验丰富多样的广府美食与文化活动：叹早茶、粤菜、凉茶、甜品。

4. 课程实施。

（1）通过开设美食佳肴游戏街或区域等形式，创设相应环境，提供大量游戏材料，鼓励幼儿模仿生活场景，进行自主游戏。

（2）通过日常生活中家长有意识地与幼儿园配合共育，同步开展广府美食佳肴的教育活动。

（3）在五大领域教育中有机渗透有关美食佳肴的充满教育价值的内容，如：用餐礼仪教育，健康美味的食材搭配等。

5. 课程评价。

（1）在游戏中评价，如：文明用语、用餐礼仪、食材搭配等。

（2）在幼儿园和家庭的生活中评价，如：是否做到安静用餐、不挑食、吃多少要多少、不剩饭菜等，观察是否形成良好的用餐习惯。

（3）乐意并和谐地与同伴共同游戏。

（六）民俗文化——好意头

1. 课程理念。

在民风民俗中，讲究吉祥，争取一个好意头的祈福文化，是一种较为普遍的社会文化现象，除心灵祈祷和祝福以外，还通过一定的文化载体和民俗活动来实现，如民俗节庆过大年系列活动，都是祈求幸福，获得平安，消除灾难。

教育者应倡导与社会主义核心价值观相一致的、积极健康的祈福文化，摒弃蛊惑人心的封建迷信，对儿童进行正向引导的教育。

2. 课程目标。

（1）了解祈福文化中有积极意义的项目内容，传扬诚信、友善的社会主义核心价值观，培养真善美的情感，向往生活的美好，初步形成积极的人生观。

（2）能迁移生活中的经验，尊重民间习俗，与同伴合作游戏、友好相处，积极参与祈福游戏活动，共同解决游戏中出现的问题，不断发展游戏内容，体验活动的乐趣。

3. 课程内容。

开笔礼、舞龙醒狮、飘色、生菜会。

4. 课程实施。

（1）通过家园社区联动，参与真实的民间祈福活动，了解活动中仪式的认真庄严，所寄托的美好愿望，并用多种方式表达自己的感受。

（2）在教师提供的环境材料中，积极参与祈福游戏，体验祈福文化中传扬的诚信、友善的价值观和真善美的积极情感。

5. 课程评价。

（1）对人诚信友善，性格开朗，情绪积极，会关心家人和同伴，初步形成积极的人生观。

（2）与他人友好相处，勇敢面对困难，共同想办法解决游戏中的问题。

（3）热爱生活，感受和向往生活的美好，对生活有幸福感。

（七）乡愁文化——我的家

1. 课程理念。

广府文化在建筑、艺术、宗教、戏剧、音乐、文学、绘画、工艺、饮食、园林、风俗等各个文化领域都表现出悠久的历史渊源和鲜明的个性，给人多层次、立体的和丰富的感受。本课程引导学生感知体验丰富的广府文化，加强学生对其地理位置和广府美景的认识，培养以广府为家的情怀，产生归属感。

2. 课程目标。

（1）认识广府地图，了解广府地理特点。

（2）了解与广府文化相关的美景，产生喜爱之情和自豪感。

（3）认同广府文化，对广府地区产生初步的归属感。

3. 课程内容。

（1）广州地图。

（2）广府美景。

4. 课程实施。

（1）通过家园社区联动，引导幼儿关注各式各样的路标及地图，并引导幼儿主动认识街道名称及方位，设计熟悉的家或幼儿园的路线。

（2）在教师提供的游戏环境中开展游戏，了解地图秘密和广府美景。

（3）在家人陪同下，游览广府美景并拍照，收集制作成画册，向同伴大胆讲述所见所闻所知。

5. 课程评价。

（1）知道地图中蕴含的众多秘密。

（2）游览广府，制作画册，大方自然地向同伴讲解美景。

（八）大型活动"庙会游戏坊"

"醒目教育"区域课程之一《醒目仔》在一年的学习周期结束后，应该在幼儿园或区域举办一次大型综合性活动，作为展示《醒目仔》学习成效的文化盛事，如"醒目仔庙会游戏坊"，逐步形成幼儿园或区域学前教育课程展示的经典节目，是民俗文化传承课程的盛宴。

"醒目仔庙会游戏坊"是幼儿园教育活动的一次综合性展示，活动开展既要从当地民间"逛庙会"中汲取营养，与社会习俗中的"逛庙会"习俗相呼应，如在仪式、程序、内容、形式等方面均有相通之处，但又不能雷同于民间成人的"逛庙会"节庆式活动，切记本活动的性质和定位是教育活动的综合性展示，活动的主体是全体幼儿，是幼儿主动迁移《醒目仔》的学习经验而进行的一场带有戏剧表演性质的游戏活动。

"醒目仔庙会游戏坊"可以由幼儿园主办，也可以由地方教育行政主办，都是一年一度的幼儿园小朋友盛事，犹如过年一般热闹。由幼儿园主办的，活动选址可以在园内，也可以在社区。在园内进行的，参加人员可以全部是孩子和幼儿园教职员工；活动选址在社区的，除了教职员工之外，参加人员还可以是家长、街坊和幼儿园全体小朋友。由一个地方教育行政单位主办的，活动选址要在一个有文化气息或群众集会的地方进行，且一定要充分考虑安全因素，做好安保工作，有控制性地开放，同时可以邀请一些可为孩子树立人生榜样的社会知名人士参加，并进行介绍，以弘扬社会正能量，也更好地鼓励孩子们活动的士气。值得强调和注意的依然是举办这场活动的初心，一是让优秀传统文化进一步浸润、扎根在孩子幼小的心田，更好地嵌入基因；二是作为幼儿园教育教学综合性成效向社会展示的窗口；三是引导幼儿走向社会，关注社会时事，关爱街坊同胞疾苦。

学习《醒目仔》课程后举办的"醒目仔庙会游戏坊"活动，成为幼儿园的保留的节庆项目，成为向社会展示幼儿园教育教学综合成效的又一个窗口，而不仅仅只是运动会或文艺汇演。

1. 活动理念。

陶行知"生活教育"思想指出，生活即教育，教育要同生活实际相联系，教育通过生活才能发出力量，成为真正的教育，如关心社会疾苦。庙会，在中国大江南北，从古至今都是非常受欢迎的民俗活动，是包罗万象的美好生活的集中表达方式。

2. 活动目的。

（1）幼儿能够进行《醒目仔》学习经验的迁移和教育目的的总复习再巩固。

（2）幼儿园建立周期性的节庆项目，设计一定的仪式，保留对文化的美好记忆。

（3）宣传幼儿园教育成果，外塑形象。

（4）回馈国家，关心社会疾苦，可以将活动收入，如义卖师生教育活动作品、跳蚤市场、美食和手信等活动的收入，作为关心社会的经费捐赠给有需要的人。

3. 活动内容。

"醒目仔庙会游戏坊"的内容包罗万象，重点内容应该围绕《醒目仔》中的七大主题单元内容，也可以结合时代新时尚、新生活拓展增加，一般可以分成三大环节。

（1）开幕式。醒目仔（每班评选两位）迎宾、祈福仪式、好意头，如：舞狮舞龙、开笔礼、点睛。

（2）自由参加"醒目仔庙会游戏坊"。

民俗文化表演坊：粤剧、讲古、木偶剧、广府童谣，可增加文艺表演。

民俗巡游队：醒狮队、城隍队、广府华彩队、岭南英歌队、腰鼓队、扇子队、舞龙队。

民间工艺坊：剪纸、广绣、广彩、雕塑（可以考虑邀请民间的艺术大师）。

传统小商品展销坊：灯笼、扇子、黏土作品等。

传统美食手信坊：广州饮食文化（真实、模拟）。

（3）闭幕式。总结活动、颁奖、捐赠仪式等。

第二节 "醒目"大操节

"醒目"大操节是"醒目教育"区域课程的重要组成部分，是在早操活动的基础上融合体育课的内容和目标衍生而来。这里的"大"字表示除了早操活动之外，还增加了其他锻炼身体、增强体质的项目，主要是晨间户外运动的其他内容。"醒目"大操节是在清晨或课间进行的一种综合性身体锻炼活动，以活络身体各部位，促进基本动作发展的其他项目，如韵律、队列训练、呼号、集体舞等为重要内容。大操节运动定位为体育活动，也是集体音乐活动，是在音乐背景的带动下，连贯性完成的一整套动作，具有高效性和全方位锻炼的特点，对提高身体体育素质、培养音乐感知能力等多方面有着独特的作用。

"醒目"大操节是针对当前幼儿园体育活动少，科学性不够，幼儿生长发育所需的每日运动量不够、幼儿体质下降、体能不足、运动机能不高、幼儿园户外游戏模式单一等问题，而专门设置和编制的一套具有浓缩性功能的综合性体育活动。"醒目"大操节使早操活动的项目增加、内容更丰富，能充分使幼儿动起来、玩起来，调动幼儿主动参与体育锻炼的积极性，达到强身健体、自强自律等功效。

一、"醒目"大操节活动理念

"野蛮其体魄"，适应自然生存法则，建立相关直接经验。口号是"强壮体魄，提振精神""每天锻炼一小时，健康保障一辈子""让我们大家一起动起来吧"。

二、"醒目"大操节活动目标

（1）幼儿能强壮体魄、提振一天的精气神，培养开朗自信的性格和良好的团队精神，激发运动的兴趣，养成体育锻炼的生活习惯，发展动作的协调性、准确性、灵活性。

（2）幼儿能够掌握"醒目"大操节的动作要领，能在音乐的伴奏下完成动作，初步达到技能练习中的动作要求，能利用多种组合辅助材料，进行幼儿自编基本动作练习，在特定的区域里进行技能锻炼。

（3）使幼儿进入积极活动状态，激发愉悦情绪，精神振奋地开始一天的学习生活。促进自我个性发展和同伴间友好合作交往，培养活泼开朗性格，养成积极参加体育锻炼的良好习惯和态度。

（4）培养幼儿乐感，动作的协调性、准确性和身体的控制力，培养良好的身体姿态，在音乐背景的伴奏下，将动作与音乐和谐融合一体，提高节奏感、动律感和节韵感。

三、"醒目"大操节活动实施

"醒目"大操节是每天一小时体育活动中的一个项目，一般安排在上午户外活动时进行，内容按小、中、大班编制，占时15~25分钟。

"醒目"大操节的整个过程在统一的音乐指挥下流畅进行，一气呵成，包含唤醒环节、进场和热身环节、队列训练环节、操作展示环节、自主体育游戏环节、身心放松环节和整理退场环节。

1. 热身运动。

热身运动包括唤醒、进场和热身、队列训练三个环节。

（1）唤醒环节是在候场处听准备进场的音乐前奏，目的是迅速集中幼儿注意力，调动身心进入运动状态，例如：清晨，在山间布谷鸟的阵阵叫声中，传来一声大公鸡响亮悠扬的打鸣声，接着是非常甜美亲切的呼唤："醒目仔，在哪里（粤语）"，小朋友兴奋地高声应答，"哎——"，紧接着音乐声响起，开始精神抖擞地进场和热身环节。

（2）进场和热身环节的形式丰富多彩，主要目的是诱发幼儿身体的各器官组织的技能从较安静状态进入活动状态，为做早操和其他身体锻炼活动的开展，做好身体准备，达到热身的目的。因此采用运动、舞蹈、诵唱等一切形式都可以，可以是在音乐伴奏下做各种模仿性动作，也可以是幼儿扮演各种角色进场。

（3）队列训练可以单独进行练习，也可以在热身运动时自然融入训练，如整理队形的立正、稍息、向左转、向右转、向前转、向后转，以及向前走、原地踏步走等动作和队列的变化，营造积极向上的氛围，培养团队合作精神，形成秩序感。一般来说，小班幼儿只要走圆圈、方形、二或四列纵队就可以了；

中班幼儿除要掌握小班的队列之外，还要学习切段分队走、立正、看齐、原地踏步、齐步走，从纵队变成圆圈，一列变二列，变四列等等；大班幼儿需要掌握小、中班所学队列外，还要掌握左右分队、并队走、原地向左右转，四路变二路、二路变四路，十字方阵、逆时针走、从队伍中间穿插变队走，等等。

2. 操节运动。

一般操节由4~10个运动小节组成，小班操节简单、有趣，以徒手操和模仿操为主，通常为4~6个运动小节；中班要求动作统一、规范和整齐；大班要求活泼、动作有变化。中、大班都可以以徒手操和轻器械操为主，通常大班为6~8个运动小节。在节奏节拍上，小班四个四节拍，中大班四个八节拍。操节的内容一般包括头颈运动、上肢运动、下蹲运动、体侧运动、体转运动、腹背运动、跳跃运动。小班挑选其中的4~5节，大班增添扩胸运动、全身运动等。编排时遵循上肢—下肢—全身的顺序，从运动量小的动作过渡到运动量大的动作。

早操活动的编排还要回归幼儿的生活，编排幼儿感兴趣又需要的操节动作，要调动幼儿做早操的积极性和主动性，培养幼儿对体育活动的爱好。编排中，教师要善于发现并添加幼儿感兴趣的事情，如配上有趣的儿歌，模仿声音等，有的需要教师和幼儿增加一些呼应环节的配合。选择轻器械时，要尽可能考虑到美观安全，除了有利于幼儿动作发展外，还要考虑选择幼儿生活中常用的物品，这样不仅能激发幼儿活动的兴趣，而且还能提高幼儿利用生活中的物品进行锻炼的意识，比如小型呼啦圈、皮筋等，又经济美观，还能锻炼身体。大班幼儿的操节动作变化相比小、中班幼儿有突飞猛进的发展，可以接受更高的要求，如动作整齐有力，展现出振奋的精神面貌和积极自信的态度，在音乐和动作表现中，把快乐的情绪和运动美感推向高潮。

3. 体能活动。

体能活动主要采用体育游戏的组织方式，将基本动作的练习自然融入到有趣好玩的游戏活动中，利用身体或器械进行走、跑、跳、平衡、投掷、攀登、钻爬等动作，发展基本动作的协调性、灵活性和运动能力。自主体育游戏环节部分可以发挥幼儿的积极主动性，没有统一的动作和规定，可以由教师和幼儿自编基本技能动作，由跑、跳、钻爬、平衡、力量等技能动作练习或相关体育游戏组成，更好地突显幼儿及幼儿园的亮点和特色。

4. 放松活动。

让幼儿在愉快轻松的音乐气氛中逐渐放松，并适当做一些柔韧性和静力性练习的动作，如伴随着轻松随意的韵律操，不但有一定动感，也有利于心情放松，尽快恢复平静，使心率逐步下降，恢复正常状态。

"醒目"大操节由多个环节构成，核心部分有两套固定操节，一套是区域固定的统一操节动作，内容源于中国传统优秀文化项目，如武术，将武术的基本动作编排成操节，习得武术精神，提振精、气、神，锻炼幼儿基本动作的规范、协调、韵律之美。另一套是幼儿园自编操节动作，内容由幼儿园确定，如篮球操、旗操、棍棒操等等。两套操节的基本动作讲究整齐有力、集体性、纪律性，这能使幼儿体魄的有效提升。

四、"醒目"大操节活动评价

"醒目"大操节的评价，按不同环节的观测点不同而有所侧重。

表6-1　"醒目"大操节评价指标

评价类型	评价指标
热身运动	进场有口号，服装整齐适宜，精气神足。 队列适合本年龄发展特点，变化多样，整体感强。
操节运动	操节编排促进全身各部位的锻炼，动作紧凑性强，转换自然流畅；武术招式动作到位，整齐有力；篮球基本功强，幼儿表演有花式、有配合。
体能活动	幼儿自主性、主动性强，活动区域分布合理，项目符合幼儿年龄特点，能多方面锻炼幼儿身体技能和促进基本动作发展。
放松活动	自然流畅，幼儿身心能够愉快放松。

第三节　区域活动设计与指导

随着幼儿教育改革的不断深入，幼儿教育不但关注各个年龄阶段的幼儿共同发展的轨迹，而且更多地关注幼儿的个体发展，提倡为幼儿提供开放、丰富多样的环境，允许幼儿自由选择，自主学习。于是，基于"强调教育环境"、注重幼儿这一教育主体、侧重开放的教育要求、注重课程内容与课程实施游戏化的区域游戏便在幼儿园广泛地开展起来。

一、区域活动的内涵

幼儿园区域活动是教师依据幼儿的兴趣、需要、发展水平等，结合幼儿园教育目标、进行中的其他教育活动等因素，有目的、有意识地创设和规划活动区域，投放适宜的活动材料，让幼儿以个别或小组的方式，在与环境的相互作用中，自主选择、操作探索，获得个性化学习与发展的一种教育活动。区域活动是幼儿在教师准备的区域环境中进行的自由、自主、自选的学习活动。区域活动既是课程的内容，也是课程实施的形式。

区域活动为幼儿提供了一个更加宽松、自由的活动空间。在这里，每个幼儿都可以选择自己感兴趣和需要的活动，按照自己的学习方式和发展水平，自主选择内容和活动伙伴，主动进行探索、学习，找到适合自己学习的最佳方式，体验到快乐、成功和自信。

二、区域活动特点

相对于其他幼儿园教育活动，区域活动主要具有以下特点：

1. 自主性。区域活动是一种开放性、低结构性的活动，是幼儿可以以自己的兴趣、需要、意志为导向的自主行动。活动的区域，活动的材料，活动的内容、时间、节奏、顺序以及活动的伙伴和规则等都由幼儿自己决定或与同伴商量，协调决定。教师除了在幼儿不遵守活动区规则、妨碍其他小朋友活动、可能发生危险等情况时会出面干涉，一般不会干预活动。

2. 自由性。区域活动是幼儿根据自己的兴趣与需要在活动区域主动与环境相互作用，在探索、操作材料中获得经验和发展的活动形式。它是幼儿自我学习、自我探索、自我发展、自我完善的活动。幼儿可按自身发展水平，自主选择活动内容和活动伙伴，不同程度地参与活动区的划分、活动材料的提供以及活动区规则的制订等。因此，幼儿在整个活动中以"主人翁"身份，自己对学习活动的过程和结果负责。

3. 个性化。区域活动丰富的活动环境、相对宽松的活动气氛、灵活多样的活动形式，为每个幼儿提供按照自己的兴趣和能力进行活动的机会，满足幼儿个性化的发展需要。在活动中，幼儿有充分的自主权，每个幼儿都可以根据自己的兴趣、需要选择活动，能按自己的方式去探索、学习、发展，满足其个性化成长与发展的需要。区域活动更关注幼儿的个别差异，突出幼儿个性化的学习。

4. 指导的间接性。区域活动主要是幼儿在教师提供的有准备的环境中进行自由、自主的活动，幼儿以环境、材料为媒介，活动区的教育价值主要是附着在区内的操作材料、情境及相应的活动中。幼儿通过直接参与各种活动而获得多种直接、自然的经验，教师主要是间接影响幼儿的活动，较少直接进行指导。

三、区域活动的设计

幼儿园区域活动设计主要包括幼儿园区域环境的创设和区域活动方案的制订。

（一）幼儿园区域活动环境的创设

幼儿园活动区域空间的规划即教师在活动场地进行区域空间布局时，充分考虑幼儿的兴趣、需要、年龄特点、个性差异等因素，因地制宜地进行空间分割，科学合理地设置区域的种类和数量，确定不同功能区域的空间大小。

从不同的维度来划分，活动区域分为以下几种类型。

按区域活动的功能可分为四类，表现性区域（如装扮区、建构区、表演区、美工区）；探索性区域，主要满足幼儿好奇心强，乐意尝试和探索的需要，（如益智区、玩沙玩水区、建构区、实验区、数学区等）；运动性区域，发展幼儿的基本动作，增进幼儿动作的协调性、敏捷性和灵活性；欣赏性区域，主要用于展示幼儿的作品和提供拓展幼儿视野的作品。

按区域活动的性质可分为三类，常规区域：各幼儿园各年龄班基本通行的能普遍开展的区域，如：娃娃家、阅读区、美工区、建构区、益智区等；特色区域：与别的幼儿园或班级不同的、反映园本特色或本班特色的独特名称及材料，如：衣、食、住、行四大区域，又如：听、说、读、写四大区域，还有：画一画、说一说、玩一玩、做一做、看一看；主题区域：教师把主题活动的内容都物化到区域材料中，教师提供的材料结构性高，学习性强于游戏性，主题区域的名称一般还采用常规区域名称，提供的材料也分成常规材料和与当前学习活动相关联的材料。

美国认知发展课程方案将活动区分为结构区、角色区、美工区、安静区、音乐区、科学区、养殖区、玩沙玩水区、户外活动区。

根据《纲要》的五大领域，把活动区分为五大区域：运动—娱乐—健康区、社会—生活—交往区、尝试—发现—探索区、倾听—阅读—表达区、欣赏—表现—创造区。

（二）区域活动方案的制定

幼儿园区域活动包括最简单的桌面游戏、班级区角活动、户外的体育区域活动、各功能室活动、大型的各功能室活动，这些都是幼儿在特定的大小不同的空间内通过与不同档次的材料互动形成的自主学习活动。目前，部分教师把它作为集体教育的补充或延伸，或者是集体教学后的放松游戏，也有部分教师认为是主题活动的产物，这些看法都有些偏颇。区域活动是教师根据教育的目标和幼儿发展的水平，有目的地创设活动环境，投放活动材料，让幼儿按照自己的意愿和能力，以操作摆弄为主的方式进行的个别化的自主学习。它能为每个幼儿提供表现自己长处和获得成功的机会，增强幼儿的自尊心和自信心。因此它与集体教学活动既可以是相辅相成，相互转换，相互补充的，也可以是一种独立的教育活动组织形式，还可以是游戏活动，甚至也可以是学习活动，它不是主题活动的产物。

1. 区域环境创设。区域环境创设，体现教师的教育理念和智慧，是件极其重要又复杂的工作，重要是因为没有区域环境就没有区域活动，复杂是因为教师已经将教育内容和教育目标物化到材料中，既要满足幼儿的兴趣和探究需要，还要实现教育目标，务必认真对待，依据一定的原则创设区域环境。

安全性和趣味性原则。幼儿年龄小，安全意识差，自我保护能力弱，因此，保护幼儿生命安全和促进发展同等重要。在区域环境创设、材料的投放上要选择无毒、无害、不锋利、便于消毒的材料。在保障安全的前提下，我们还要考虑幼儿年龄特点，注意材料趣味性，如好玩、易操作、能创造性地变通、可以一物多玩等，以诱发幼儿与材料互动。

目标性和探索性原则。区域环境是教师有准备的环境，是课程的组成部分，隐藏着教育目标和层次递进式的发展目标，因此，区域环境创设应具有目标性，教师要将《纲要》《指南》和本班各阶段（学期、月、周）的发展目标融合起来，区域活动及材料要促进动作、语言、社会、认知、个性、情感的发展，以达成全面发展的目的。区域环境创设，主要指区域材料的准备，区域材料要引发幼儿动手、动脑的兴趣，支持幼儿与材料积极互动，引导幼儿运用各种材料去思考和探索事物的秘密，因此，区域材料要体现探索性。

针对性和科学性原则。幼儿的年龄特点和个体差异，决定材料投放要有不同层次。如：小班可丰富娃娃家中生活练习类的材料，以提高生活自理能力；中、大班动手能力强，思维敏捷，可提供拆卸电话之类高挑战性和精密性材料，以满足自主探索需要。区域环境创设中还要根据幼儿年龄特点，考虑区域设置的种类和数量，空间分隔和布局，提供材料的丰富多样性和层次性，幼儿区域间交往的方便性，幼儿是否能与同伴、环境、材料互动，老师观察评价是否便利等。

层次性和动态性原则。区域活动最大的优势是能为兴趣、能力各异的幼儿提供丰富多变的材料，适合其发展的环境，从而满足不同幼儿发展的需要。因此，材料提供上要注意层次性和动态性。由于幼儿个体差异性大，对事物的认识不同，操作水平也不同，教师可提供丰富多样的成品材料、半成品材料、自然材料，以便幼儿各取所需；材料的提供也不是一成不变的，还应根据幼儿发展情况做适切的补充、调整和更换材料，如：阅读区的图书幼儿已经不再喜欢了，教师可以鼓励幼儿对已阅读过的图书进行故事续编，自制故事的后续图书，或可以动员幼儿把家里的新图书带到幼儿园一起分享，或就当前教学情况和幼儿兴趣，投放一些新图书，以盘活阅读区，做到材料互补，资源共享，让材料为活动服务。

幼儿是区域环境创设的主体，教师是区域环境创设的引领者。区域环境创设最重要的是区域材料的投放，区域材料是区域活动的物质保障，是幼儿活动的工具，我们要创设良好的区域环境，促进幼儿健康主动发展。

2. 区域空间布局。区域空间布局要站在幼儿的立场和角度进行规划和设计，要充分考虑幼儿的兴趣需要，要以幼儿为本，因地制宜进行空间规划，设置区域的种类和数量；要科学合理地进行空间分割，确定不同功能区域的空间大小。要避免动区与静区相互干扰影响，要根据区域需要区别对待，开放与封闭的程度亦需有所差异。

（1）区域的数量。区域的数量和大小不能一刀切，要因地制宜地根据班级空间、幼儿的兴趣需要及年龄发展特点确定数量，进行合理布局，只要能够满足全体幼儿全面发展和自主活动的需求就可以了。

（2）区域空间分配。班级空间大的，可设固定的集体活动区域和固定的区域活动区域；班级空间小的，可设置将集体活动与区域活动的空间融为一体的固定的活动区域，就是把课桌直接移进活动区域，利用桌面操作游戏，实现大融合；也可安排移动的活动区域（如利用玩具柜，在组织集体活动时暂不占空间，将其推到墙角边，开展区域活动时再移动或取材料在桌面进行）；再可开展轮流开放的动静分开的区域活动，以减少空间占有率；更可采用无固定式区域，无区域空间规划，仅有区域材料，每天固定时间开放部分区域。此外，教师还可以积极利用寝室、楼梯角、过道等空间来开发专题活动区域，以拓展区域活动空间，更好实现动静区分及区域之间的联动。

3. 区域材料选放。

（1）区域材料类型

区域材料的类型很多，可按以下分类：

①按材料结构分，可分成高结构材料及低结构材料。

高结构材料。指有固定结构和相对固定玩法和规则的材料，如：棋、拼图、各种学具材料。教师通过对高结构材料附加特定的目标和任务，指导幼儿学习，规定操作，这里包括目标明确但结果不确定的规则游戏材料和适合个别化学习的练习性材料。

低结构材料。指较少规定玩法和规则，没有特定的导向，可灵活变通操作的材料，如：积木、插塑、各种玩具。包括自然材料和成品材料，幼儿根据自己需要对材料进行变换，决定玩法。

②按材料功能分，可分成主体材料和辅助材料。

主体材料：支撑和方便区域活动开展的主要材料，也可以称为基础材料，其中包括工具性材料，如阅读区的图书，建构区的积木，音乐区的打击乐器，美工区中的各种纸和笔、颜料、剪刀。

辅助材料：能促进区域活动更生动有趣、丰富多彩的推动性材料，如：幼儿家中有因幼儿与家长沟通时加进去的电话材料，建构区中因幼儿搭建了各式各样的公路而加进去的各种汽车模型材料，角色游戏区中幼儿玩购物游戏加进去的"钞票"材料。

③按材料性质分，可分成自然材料、成品材料及半成品材料。

自然材料：不经任何加工的原始材料，如鹅卵石、布条、瓶瓶罐罐等，可任意组合、灵活变通和替换，给幼儿更多想象创作空间。

成品材料：不需要加工就可以直接使用的现成材料，如磁铁、七巧板、孔明锁等玩具材料。

半成品材料：是教师有预设地减轻幼儿操作材料的难度，或节省游戏时间或丰富游戏内容，事先对材料进行一定的加工而成的材料，如美工区中被白纸包装好的纸盒以方便幼儿装扮颜色、语言区中口头日记转盘中留空的"事件"盘。

（2）区域材料投放

区域材料需选放有利于诱发幼儿游戏行为的材料，满足幼儿娱乐性的同时实现教育性。材料的不同特点，能刺激幼儿不同的行为方式，教师要有计划、有目的地投放适宜的材料。

首先，要在各个区域提供适合本班幼儿年龄特点的相对固定的丰富多样的常规性材料，满足幼儿自主区域活动的操作需要。常规材料一般是指各活动区最基本、相对稳定的主体材料，以实现一定时期内幼儿自主区域活动的需要。不同年龄班级中各个区域的活动材料，有相同的，也有根据不同年龄发展水平而添置的不同材料，同时还要增加在当前集体教学或主题活动中需要拓展和延伸的材料，还要考虑不同季节、重大节日和事件，并补充相应材料。

其次，要与当前学习活动紧密结合，投放能更好促进幼儿获得相关经验的适宜材料。

其三，要根据幼儿在区域活动中进程的需要，提出更高的要求，补充或更换材料，有助于活动的深化和质量的提高。

最后，区域材料的投放和丰富是教师引导和幼儿参与共建完成的，它可以是购买的成品材料，师生一起收集的自然材料，一起加工的半成品材料，也可以是教师制作的高结构的学具材料。

区域材料直接影响区域活动质量，教师要做教育的有心人，适时根据幼儿的兴趣和发展需要，投放适宜材料，唤醒幼儿已有经验，激发其与材料的积极互动，达到有效开展区域活动的目的。

表6-2　幼儿园小班区域设置与材料提供

区域类型	区域材料	语言	科学	数学	艺术	社会
美工区	主体材料：彩色蜡光纸、绘画纸、旧报纸、卡纸、吹塑纸、瓦楞纸、皱纹纸等；颜料、签字笔、油画棒、双头笔、水彩笔、排笔、蜡笔等。辅助工具：胶水、固体胶、双面胶、透明胶、乳胶、剪刀、花边剪刀等。辅助材料：橡皮泥、纸盒、纸杯、布头、毛线、绳子、包装带、一次性杯子、花生、牙刷、棉签、果冻盒等、小鱼的眼睛、亮片、牛奶盒、黄豆。	教师可以向幼儿介绍美术作品的要素，如色彩、形状等，扩展幼儿的词汇。教师可以通过提问的方式引导幼儿说出作品的内容；教师可以将幼儿对作品的描述记录下来。教师可以鼓励幼儿向同伴介绍自己的作品。教师可以引导幼儿说出自己涂鸦的符号。	教师可引导幼儿观察加水后颜料、黏土的变化。教师可与幼儿讨论在有些小制作中如何保持稳定。教师可以提问帮助幼儿进一步了解物质材料的特性（如怎样使用胶水）。教师可以和幼儿一起收集自然物（如叶子等），帮助幼儿了解生命科学的内容。教师可以让幼儿用不同的自然材料创作美术作品。教师可通过美工区材料的有序摆设，帮助幼儿建立简单的空间意识。	教师可引导幼儿将各种工具、材料分类摆放。教师可将幼儿学习纸对折。教师可通过与幼儿交流他们的作品，让其了解方位，如上面、下面等。教师可以让幼儿在具体使用学习材料时测量，如用大的纸或小的纸	教师可在美术活动中放一些背景音乐，以增加一些活动气氛。教师可引导幼儿捏泥、揉泥等的技法造型。教师可通过示范引导幼儿学习正确的折纸方法。教师可通过颜色的搭配，提升幼儿的审美能力。教师可教给幼儿一些美术技能和方法：如搭、团圆、压等技法造型。教师鼓励幼儿正确使用胶水、胶棒、糨糊等粘贴工具，做一些简单的作品。教师可引导幼儿折角，对角折的简单的方法。	教师通过让幼儿向他人介绍简单的美术作品，知道审美的不同。教师可以让孩子参与简单的环境布置。教师可帮助幼儿进行亲子制作，培养孩子的环保意识。教师可帮助幼儿认识分辨美术作品的种类。教师可及时展示幼儿的作品，帮助建立幼儿的自我认同感。教师可鼓励幼儿参与各种类型的美术活动。

（续表）

区域类型	区域材料	语 言	科 学	数 学	艺 术	社 会
建构区	成品材料：各种形状的大型积木、中型积木和小型积木等（数量可精少于中班）。辅助材料：木板、大小不等的箱子、绳子、塑料罐、管、小车模型、石头、建筑模型、测量工具、雪花片、捕塑画玩具、贴画、自制交通标志、房、花、草、小人和动物的立体摆件、幼儿积木作品照片等。	通过谈论所用积木的形式，教师可与幼儿谈论建构物，丰富幼儿的词汇和表达能力。教师可向幼儿介绍积木的形状：如圆形、长方形、正方形等。教师可邀请幼儿介绍自己的作品，如谈谈幼儿搭建的大楼等。	教师通过积木引导幼儿了解使用积木的不同（形状、大小等）。教师可以鼓励幼儿在搭建的过程中适当使用一些辅助材料，如小车，让幼儿探索坡度等。教师可建议幼儿用辅助材料充实他们的建筑物，如：通过小型动物让他们建造动物房屋、农场、动物园等。教师可让幼儿自由探索，如两个小三角形可以拼成一个长方形。	教师可向幼儿提出某些建议：如提出某个人一次拿三块积木、"请用三角形的积木搭建"等。教师可鼓励幼儿探索积木的形状，以及如何搭得高一些、长一些等。教师可在积木柜上做上标签，方便幼儿分类。教师可引导幼儿认识积木的名称，如长方体、正方体等，还可以帮助幼儿理解上、下等方位。教师可引导幼儿选择不同形状的积木搭建不同的物体。	教师可用积木建构幼儿在积木建构的场景中进行表演。同时提供一些道具，如帽子、空盒子，可让幼儿更好的表演取得更好的效果。教师可以让幼儿的建构作品画下来或用相机拍摄下来与其他小朋友分享。教师引导幼儿学习辅平、延长、围合等构造技能，让幼儿能搭建简单的建筑物。	教师可以和幼儿谈论道路、某个场所等，帮助他们了解空间、地理位置。教师通过了幼儿所搭建的商店和其他物中的建筑场所，帮助他们进一步了解人们的生活、工作。教师提醒幼儿建立积木的规则，如轻拿轻放、玩后应该收拾整理等。教师给幼儿示范收拾整理积木的方法。

（续表）

区域类型	区域材料	语　言	科　学	数　学	艺　术	社　会
语言区	成品材料：各种图书、挂图、字板、录音机、磁带、头饰、指偶、图片、手偶、指偶等材料；幼儿影集、幼儿日记、抱枕、各种阅读材料等。 自制材料：自制大图书、识字卡片、文字拼图、图文匹配的讲述材料、控笔练习材料等。	教师在给幼儿读书时，可以引导他们了解读书的顺序。 教师可在与幼儿一起阅读有关故事时边讲边问。 教师可用一些道具帮助幼儿回忆、复述熟悉的故事。 教师可自己有感情地讲述故事影响幼儿。 教师可让幼儿指出主要角色的形象、表情、动作。 教师可鼓励幼儿复述幼儿熟悉的图画书故事片段和角色对话。 教师可提供简单的讲述示范，让幼儿仿编简单的故事情节。	教师可引导幼儿观察图书中的信息，帮助他们了解关于动植物的知识，也可了解有关生命科学的知识。 教师可与幼儿做一些简单的小实验，如：感受变化。 教师可让幼儿分享他们看到的某些工具书，以了解某些工具是如何使用的。	教师可以通过一些书名帮助幼儿理解数字概念。 教师可在读故事时与比较有关量的问题，如故事中相同的句式的数量等。 教师在与幼儿一起读书、观看周围图片时，可以帮助幼儿理解有关形状、方位（如上面、下面）等一些概念。	教师可以指着一些封面的图给幼儿作解释。 教师在与幼儿阅读图书时，可以鼓励他们模仿故事情节中有打鼓、跳舞、表演的部分。	教师可引导幼儿通过阅读不同职业的故事，了解人们的生活。 教师可以通过一些视频资料帮助孩子了解地理的知识。 教师要提醒幼儿正确取放图书。 教师可引导幼儿学习倾听别人的讲话。

（续表）

区域类型	区域材料	语言	科学	数学	艺术	社会
角色区	成品材料：角色扮演所需的小家具、各种小娃娃、各类厨具、各种面包等。收集材料：和情境相适应的各种用具，如商店的货物、小货架、收银机、医院的制服、针筒、药瓶、体温计、药盒、碗、勺子、锅、波炉、月饼盒等。书写工具：贴纸、练习本、信封、笔等。自制材料：与所学内容相关的手偶、头饰、与角色匹配的道具、其他辅助材料等。	教师通过向幼儿介绍道具的名称（如听诊器、公文包、帽子和菜单），发展幼儿的词汇和语言。教师通过提问（如你打算上哪儿去？）和引导幼儿阅读有关主题的故事，为他们的角色扮演提供线索。教师可以参与幼儿的游戏，丰富他们的词汇。教师可引导幼儿回忆，巩固幼儿对角色的认识，并能再现主要对话内容。	通过给孩子提供打蛋器，教师引导幼儿探索各类工具或物品的使用方法。教师可提供一些植物道具，如蔬菜、水果，扩展幼儿关于生命科学的知识。教师可以和幼儿讨论天气，谈论一些物品的再利用等。	教师可帮助幼儿寻找解决实际问题的办法，如使用数学天平。教师通过与幼儿讨论角色的分配，教他们学习数学。教师可通过提问引导幼儿解决实际问题。（如某子有几个苹果？）教师可让幼儿在商店货品的买卖中，知道多和少的概念。	教师可以教幼儿一些技能，使他们可以进行角色表演。教师可读一些情节、人物都比较简单的故事，让幼儿扮演。教师可以鼓励幼儿用手偶进行表演。	教师可带幼儿到附近商店散步，回来后进行有关商店的角色扮演。教师可提供不同工作人员的服装、用品用于扮演游戏。教师引导幼儿在扮演中要明确自己的角色。

（续表）

区域类型	区域材料	语言	科学	数学	艺术	社会
音乐区	成品材料：碰铃、三角铁、铃鼓、响棒、沙锤、音叉、录音机、录音磁带等。 自制材料：小鼓、沙锤、五线谱等。 收集材料：表演服装、纱巾、头饰、帽子、手绢等。	教师可向幼儿介绍新的乐器、新的歌曲，发展他们的词汇和语言能力。 教师可以帮助幼儿理解歌词。 教师可以引导幼儿用动作表现歌词内容。 教师可帮助幼儿回顾并和其他幼儿分享其中的乐趣。 教师可带领幼儿一起表演幼儿学习的故事，并在表演前和幼儿一起回忆故事的内容、主要情节和角色特征。	教师可引导幼儿探索不同乐器，分辨不同乐器所发出的声音。 教师可鼓励幼儿设法发出重音和轻音。 教师可用自然环境中的材料制造乐器。	教师可通过让幼儿唱数学歌曲和感受律动帮助他们理解数的概念。 教师可引导幼儿通过拍手、跺脚以及一些重复的韵律动作帮助他们理解数量。 教师可请幼儿随音乐走一些简单的队形，如一横排、一竖排等。 教师可让幼儿在音乐的伴随下用成圈走或跑，或是拿着某物体放在不同的位置等，如上、下，帮助孩子理解空间的概念。 教师可让幼儿在音乐活动中随着节奏快慢走。	教师可让幼儿跟着音乐唱歌、演奏着打击乐器等。 教师可提供多种不同风格的音乐，让幼儿倾听或拍节奏。 教师可让幼儿进行独奏。 教师可提供示范，引导幼儿学习简单的舞步。 教师可鼓励幼儿配合音乐完整地做完一个音乐游戏。 教师引导幼儿使用各种乐器。 教师鼓励幼儿正确地随音乐做肢体动作。 教师鼓励幼儿自由地做动作。	引导幼儿在参与音乐活动中学习空间和地理概念（上、下等）。 通过介绍不同民族和国家的音乐、舞蹈，告诉幼儿关于不同人群的生活。 向幼儿介绍不同文化的音乐和舞蹈，帮助幼儿了解不同文化背景下所持有的音乐和乐器。 通过介绍音乐、乐器发展，引导幼儿了解我国其他民族的音乐、乐器及人群。 对不同文化音乐的欣赏。

（续表）

区域类型	区域材料	语言	科学	数学	艺术	社会
科学区	测量工具：直尺、软尺、三角板、纸条、绳子等；替代物。智力类：各种拼图玩具、迷宫、钓鱼玩具，大小不同的、长短不一的夹子等。装拆玩具：废旧物品、手电筒、电话等。探索类：磁铁、放大镜、各种铁子、回形盒、实验盒等。数学材料：排序类材料、数字点卡、图形拼贴卡等。	教师通过与幼儿交谈，帮助幼儿增加词汇，发展语言。教师可以和他们谈谈摸、看、听一些物品时的感受，鼓励他们大胆表达。教师可鼓励幼儿将看到的事用语言描述。教师可鼓励幼儿用自己的语言描述自己的发现，并能与同伴交流和分享。	教师可与幼儿讨论活动、植物如何生长，如何运动。教师可引导幼儿更多地观察周围事物，发现周围世界中存在的生命物质。教师可以向幼儿介绍一些生命方面的知识。教师可引导幼儿用一些物品，如水、面，进行小实验，以便能了解更多周围物的质的特性。教师可借助贝壳、石头、沙、土以及其他东西向幼儿介绍周围环境。教师可以和幼儿讨论天气的变化。	教师可让幼儿通过各种活动计数及统计相关物品。教师可让幼儿通过实际操作物品，一一学习对应的技能。教师在引导幼儿观察生命（如蝴蝶）时，可以帮助他们发现对称等现象。教师可帮助幼儿认识简单的几何图形。教师可让幼儿通过点数，并说出总数。教师可引导幼儿按图形或某一特征（大小、长短）进行分类、排序。	教师可与幼儿谈论收集到的树叶、蝴蝶等，帮助他们感受自然的美。教师可让幼儿用绘画的形式或制作的形式再现他们的发现。教师可引导幼儿探索物品发声的特点。教师可在同样不同的瓶子里装不同量的水，敲击使其发出不同的声音。	教师可通过使用一些位置词，引导幼儿空间和地理方面的知识。教师可引导某些幼儿合作解决问题，遵守某些规则、安全使用材料，了解如何生活。教师可参观或介绍某些职业和专用的工具。

表6-3　幼儿园中班区域设置与材料提供

区域类型	区域材料	语言	科学	数学	艺术	社会
美术区	各类纸张：彩色宣纸、蜡光纸、绘画纸、卡纸、吹塑纸、旧报纸、瓦楞纸、皱纹纸等。 绘画材料：颜料、油画棒、双头笔、签字笔、水彩笔、排笔、蜡笔、毛笔等。 辅助工具：胶水、固体胶、双面胶、透明胶、乳胶、白乳胶、花边剪、剪刀、打孔器、橡皮筋等。 辅助材料：橡皮泥、纸盘、纸杯、布头、毛线、绳子、包装带、一次性杯子、毛根、胶卷、扣子、盖子、各类豆子、棉花生、牙签、铁丝、棉签、吸管、环保袋、酒瓶、果冻盒、泡沫蛋、冰空白脸谱、光盘、小木夹、棍杆、印模、印章、各类简易印章、版画工具。	教师可以向幼儿介绍美术作品的要素，如色彩、形状、线条、空间和质地等，扩展幼儿的词汇。 教师可以通过提问的方式引导幼儿说出作品的内容。 教师可以让幼儿给自己的作品命名。 教师可以将幼儿对作品的描述记录下来。 教师可鼓励幼儿向同伴介绍自己的作品。	教师可以向幼儿介绍不同质地的材料，了解物质科学内容。 教师可引导幼儿观察加水后颜料、黏土的变化。 教师可与幼儿通过讨论有些小制作中如何保持稳定。 教师可以通过提供物质材料的特性。（如怎样才能把这两个东西粘在一起？）进一步了解物质科学特性。 教师可以和幼儿一起收集自然物（如叶子等），帮助幼儿了解生命科学的内容。 教师可以让幼儿用不同的自然材料创作美术作品。	教师可引导幼儿为自己的作品编号。 教师可引导幼儿将各种工具、材料分类摆放。 教师可引导幼儿观察并了解美术作品中的对称。 教师可通过与幼儿交流他们的作品，让其了解方位，如上面、下面、里面、旁边等。 教师可以让幼儿在使用材料时，体会测量，如用长一些的纸，画一条短线等。	教师可在美术活动中放一些背景音乐，以增加活动气氛。 教师可引导幼儿将绘画活动结合美术活动与戏剧活动起来，可以让幼儿制作所需要的面具、头饰和服装道具。 教师可以让幼儿在户外进行一些写生活动，增加对大自然的了解。 教师可以让幼儿欣赏一些名画。 教师可以指导幼儿正确使用工具和材料，积极鼓励他们发挥想象力，创作出与众不同的作品。 教师可引导幼儿学习分泥、连接、捏泥的技法及造型。 教师可通过正确的示范引导幼儿学习折纸方法。 幼儿学习一些简单的画面布局。 教师可引导幼儿用简单物品做成简单的手工作品。	教师可通过向幼儿介绍美术作品，帮助他们了解别人的生活。 教师可以让有美术特长的父母或专业人士向幼儿介绍一些作品，包括陶器、编织品以及其他作品。 教师可让幼儿参与布置教室的环境，促进幼儿进一步了解关于艺术的知识。 教师可鼓励幼儿使用废旧的材料或用过的东西来创作的作品，帮助幼儿了解生态与环保知识。

（续表）

区域类型	区域材料	语　言	科　学	数　学	艺　术	社　会
建构区	成品材料：各种形状的大型积木、中型积木等和小型积木（数量可稍少于大班）辅助材料：木板、大小不一的箱子、易拉罐、绳子、塑料管、小车模型、建筑线、石头、建筑图纸、模型、测量工具、插塑玩具、雪花片、张贴画、花、制纸盒积木、交通标志、小人、小动物的立体摆件、小木桥、幼儿积木作品照片的纸和笔，记录、统计各种材料数量的表格等。	教师可与幼儿谈论建构物，丰富幼儿的词汇和表达能力。教师可向幼儿介绍积木的形状，如圆柱、拱形等。幼儿介绍自己的作品，如谈谈你的大楼等。教师可邀请幼儿介绍自己的作品，如关于小型的建筑物等。教师可提供一些与建构活动相关的书，如关于桥的书、关于房子等的书等。教师可鼓励幼儿将自己建造的东西用字母或符号做一些标记，也可鼓励幼儿将所建的建筑物画下来。	教师可引导幼儿通过使用积木了解积木的不同（形状、大小等）教师可以鼓励幼儿在搭建的过程中适当使用一些辅助材料，如小车，让幼儿探索坡度等。教师利用辅助材料充实他们的建筑物，如：通过增加一些小型建造活动物房屋、衣物、动物园等。教师可鼓励幼儿搭建不同的生活场景，帮助幼儿扩展有关生命的知识。	教师可向幼儿提出某些建议：如"每个人一次拿三块积木""请用三角形的积木搭建"等。教师可鼓励幼儿探索积木的形状以及如何搭得更高一些，长一些等。教师可在积木柜上做标签，方便幼儿分类。教师可引导幼儿认识积木的名称，如长方体、正方体等，还可以帮助幼儿理解上、下、前、后等方位。教师可引导幼儿用自己的身体与所搭建积木比自己的高度。教师可引导幼儿选择不同形状的物体，并可以提供他们不同的积木构造图搭建。教师可让幼儿将建构作品用符号或形状进行统计。	教师可鼓励幼儿在用积木建构的场景中进行表演，同时提供一些道具，如唱子、空盒子，可让幼儿表演得更好的效果。教师可以让幼儿将他们的建构作品画下来，或用相机拍摄下来以利于保存，或与其他小朋友分享。教师引导幼儿用铺平、围合、盖顶、加宽等构造各种技能搭建各种造型的建筑物。	教师可以和幼儿谈论他们所搭建的道路、某个场所等帮助他们了解空间、地理位置。教师通过了解幼儿所搭建的商店和其他场所，帮助他们进一步了解人们的生活、工作。教师可以通过提供一些书、图片与幼儿进行进一步的讨论。教师可以鼓励幼儿分工、寻求合作搭建，如幼儿合作搭建一个儿童公园。

（续表）

区域类型	区域材料	语言	科学	数学	艺术	社会
语言区	成品材料：各种图书、挂图、写字板、录音机、磁带、儿歌、音饰、图片、手偶、指海报等、点读机、电子学生图书。收集材料：幼儿影集、幼儿日记、抱枕、各种阅读材料等。自制材料：自制大图书、识字卡片、文字拼图、图文匹配的记录、讲述材料、记录用的笔和纸等。	教师通过引导幼儿读故事、阅读其他内容的书，提高他们的语音意识。教师可引导幼儿注意书籍中各种符号。教师在给幼儿读书时，可以引导他们了解读书的顺序。教师可在与幼儿一起阅读有关故事时，向他们提一些开放性的问题。教师可用一些道具帮助幼儿回忆、复述熟悉的故事。教师可在幼儿阅读和重复阅读故事书时，鼓励幼儿讲述相关的图画。教师可有感情地讲述故事，影响幼儿。教师可引导幼儿用较完整的句子比较连贯地讲述。教师可引导幼儿进行图文匹配。讲述、复述、仿编、续编熟悉的儿歌或故事。	教师可引导幼儿观察图书中的信息，帮助他们了解动、植物的知识，也可了解有关生命科学的知识。教师可以将一些书中读到的信息向幼儿做介绍，并做相关的小实验。教师可让他们看书，儿童其他工具的某些工具以了解某些是如何使用的。教师可向幼儿了解某些信息，并鼓励他们对环境保护的相关话题进行讨论。	教师可以通过一些书名各帮助幼儿理解数字概念。教师可在与幼儿讨论和比较有关量的问题，如故事中相同的句式的数量等。教师在与幼儿一起读书、观看周围图片时，可以帮助幼儿理解有关形状、方位如（上面、下面、前面、后面、中间、里面、外面）等一些概念。教师可以通过一些词帮助幼儿理解比较和测量的概念。	教师可以指着一些封面的图给幼儿讲解。教师在阅读图书时，可与幼儿一起打节中有鼓、跳舞、表演的故事情部分。教师可引导幼儿将主要形象画出来或制作出来。	教师可引导阅读不同职业、角色的故事，了解他人们及他们的的生活。教师可以利用做图的书帮助幼儿理解空间的知识。教师可以引导幼儿分享书籍、帮助幼儿了解一些简单的历史知识。教师可以引导幼儿阅读一些关于地理的书籍，这些书帮助幼儿了解地理知识。教师可以邀请幼儿的祖父母到幼儿园来给他讲过去的事。教师引导幼儿注意倾听别人讲话。

（续表）

区域类型	区域材料	语言	科学	数学	艺术	社会
角色区	成品材料：角色扮演所需的小柜子或小家具、各种小娃娃、公仔、各类厨具、空食品盒、电话、点心面包等。 收集材料：和情境相适应的货物，如商店的各种商品、小货架、收银机、医院的制服、针筒、吊瓶、体温计、药瓶、月饼盒、药盒、警察、厨师、售货员等职业的服装（如医生、理发师、歌舞演员的服装）、锅、碗、勺子、微波炉、自制各类点心等。 书写工具：贴纸、练习本、信封、笔等。 自制材料：与所学内容相关的道具、头饰、与角色匹配的宣传材料、其他辅助材料等。 角色展示板、广告牌、海报、角色展示板。	教师通过向幼儿介绍道具的名称（如听诊器、公文包、帽子和菜单）发展幼儿的词汇和语言。 教师通过提问（如你打扮好了准备上哪儿去？）和引导幼儿阅读的故事，为他们扮演角色提供语言线索。 教师鼓励幼儿参与角色的游戏，丰富他们的词汇。 教师鼓励并讨论扮演不同的角色。	教师引导幼儿探索各类物品的工具或实物使用方法。 教师可提供一些植物果实，如蔬菜、水果扩展幼儿关于生命科学的知识。 教师可以和幼儿讨论天气、谈论一些物品的再利用等。	教师可帮助幼儿寻找解决实际问题的办法，如使用数字天平。 教师通过与幼儿讨论角色的分配教他们学习数学。 教师可通过提问引导幼儿解决实际问题。（如桌子上要放多少个盘子？） 教师可让幼儿在商店货品的买卖中，练习10以内的加减运算。	教师可以教幼儿一些技能，使他们可以进行戏剧表演。 教师可读一些情节、人物都比较简单的故事，让幼儿可以扮演。 教师鼓励幼儿用手偶进行表演。	教师可以通过地图让幼儿了解空间方面的知识。 教师可带幼儿到附近商店散步，回来后与他们一起商讨有关商店的角色扮演。 教师可与幼儿讨论不同人的职业和分工，扮演不同角色的角色，帮助幼儿认识不同的角色。 教师可鼓励幼儿扮演同职业的人。 教师可通过一些指偶、头饰的图片，丰富幼儿对人的社会认识。 教师可引导幼儿学会轮流和等待。 教师可指导幼儿对角色（如医生、警察等）的理解，角色特有的行为反映特征和语言，并能创造性地角色表演。

（续表）

区域类型	区域材料	语言	科学	数学	艺术	社会
音乐区	成品材料：碰铃、三角铁、铃鼓、响铃、圆舞板、沙锤、录音机、录音磁带、电子琴等。 自制材料：小鼓、沙锤、音乐曲图谱、五线谱、舞谱、彩带、头饰、大型舞台背景卡等。 收集材料：民族表演特色服装、纱巾、帽子、头饰、手绢、筛子等。	教师可向幼儿介绍新的乐器、新的歌曲，发展他们的词汇和语言能力。 教师可鼓励幼儿理以帮助幼儿理解歌词。 教师可以引导幼儿用动作表现歌词内容。 教师可帮助幼儿回顾表演活动并和其他幼儿分享其中的乐趣。 教师可在幼儿表演前或表演过程中作些提示，让幼儿进一步熟悉合词。	教师可引导幼儿探索不同乐器所发出的声音。 教师可鼓励幼儿发出重音和轻音。 教师可鼓励幼儿用自然环境中的材料制造乐器。 教师可引导幼儿注意观察道具在手中随着音乐节奏产生的变化。	教师可通过让幼儿唱数字歌曲和感受律动帮助他们理解数的概念。 教师可引导幼儿通过拍手、踩脚以及一些重复的韵律动作帮助他们理解数量。 教师可请幼儿随音乐走一些简单的队形，如一横排、一竖排、双圈等。 教师可让幼儿在音乐的伴随下围成圈走或跑，或是拿着某物品放在不同的位置等，帮助幼儿理解空间上、下、前、后。 教师可引导幼儿随着音乐做动作。 教师可让幼儿在音乐活动中进行一些比较快人走、慢人走等。	教师可让幼儿跟着音乐唱歌、跳舞、演奏打击乐器等。 教师可让幼儿演奏不同形式的音乐，以及探索不同的动作。 教师可提供多种不同风格的音乐，让幼儿倾听或拍节奏。 教师可让幼儿进行独奏或尝试合奏。 教师可鼓励幼儿学习表演戏剧或熟悉的故事，帮助幼儿学习创造性表演。 教师可提供示范，引导幼儿学习简单的舞步（如小跑步等）。 教师可鼓励幼儿随音乐即兴表演简单的舞蹈。	引导幼儿在参与音乐活动中学习空间和地理概念（前、后、上、下等）。 通过介绍不同民族和国家的音乐、舞蹈，告诉幼儿关于不同人群的所特有的音乐和乐器生活。 向幼儿介绍不同文化的音乐和舞蹈，帮助幼儿了解不同文化背景下所特有的音乐和乐器。 通过介绍我国其他民族的音乐、乐器发展，引导幼儿对不同文化及人群的欣赏。 教师向幼儿介绍不同民族的服装、道具，帮助幼儿感受我国多民族的不同文化风情。 教师可鼓励幼儿与同伴合作，分成两人或多人小组进行舞蹈。

（续表）

区域类型	区域材料	语言	科学	数学	艺术	社会
科学区	测量工具：直尺、软尺、三角板、纸条、绳子等替代物。智力类：各类拼图、七巧板、迷宫、钓鱼玩具、大小不同的球、长短不一的夹子、穿线珠等。装拆玩具：废旧物品（小家电）、手电筒、钟、电话等。探索类：磁铁、锁、齿轮、放大镜、各种镜子、回形针、磁铁、天平、打蛋器、开瓶器、电池、实验盒、昆虫盒等。数学材料：排序类材料、多级分类、时钟操作卡、数字点数卡、数物加减卡、图形拼贴卡等。	教师通过与幼儿交谈，帮助幼儿增加词汇，发展语言。教师可以和他们谈谈摸、看、听一些物品时的感受，鼓励他们大胆表达。教师可鼓励幼儿将看到、听到所做的事情用语言描述出来。教师可用符号记录幼儿所发现的事。教师可与幼儿一起阅读一些科学方面的书籍，以提高幼儿对科学方面的兴趣。教师可鼓励幼儿用自己的语言描述自己的发现，并能与成人、同伴交流和分享。	教师可与幼儿讨论植物如何生长、动物如何运动。教师可引导幼儿观察周围事物，更多地发现周围世界中存在的生命物质。教师可以向幼儿介绍一些物理实验方面的知识。教师可引导幼儿用一些物品，如水、面，进行小实验，以便能了解更多周围物质的特性。教师可借助贝壳、石头、沙、土以及其他周围环境中的东西向幼儿介绍周围环境。教师可让幼儿收集一些物质进行分类，从中整理一些可留下实验的东西。教师可引导幼儿讨论天气的变化。用各种工具和材料，帮助他们了解了各种工具的特点。	教师可让幼儿通过各种活动计数及统计相关物品。教师可让幼儿通过实际操作物品，一一学习对应的技能。教师在引导幼儿观察生命（如蝴蝶）时，可以帮助他们发现数、量等现象。教师可帮助幼儿认识简单的几何图形。教师可鼓励幼儿对自然界中的物品进行分类，如磁性的、活的、有磁性的、无磁性的、死的等。教师可帮助幼儿将使用图表、画等将发现记录下来。教师可引导幼儿按物体的粗细、厚薄、高矮等进行排序。	教师可与幼儿谈论收集到的树叶、蝴蝶等，帮助他们感受自然的美。教师可让幼儿用绘画或制作的形式再现他们的发现。教师可引导幼儿探索不同的水，敲击使其发出不同的声音。	教师可通过使用位置词，如车子站在**后面等引导幼儿学习空间和地理方面的知识。教师可引导幼儿合作解决某些问题，遵守某些规则，安全使用材料，了解如何生活。教师可带幼儿参观某些或介绍不同的职业和专用的工具。教师注意观察幼儿的操作过程，鼓励幼儿分享他们的发现。

表6-4　幼儿园大班区域设置与材料提供

区域类型	区域材料	语言	科学	数学	艺术	社会
美工区	各类纸张：彩色蜡光纸、绘画纸、旧报纸、卡纸、吹塑纸、瓦楞纸、皱纹纸等。绘画材料：颜料、油画棒、双头笔、水彩笔、蜡笔等。辅助工具：订书机、打孔机、胶水、乳胶、双面胶、透明胶、花边剪刀、剪刀等。塑料材料：纸盘、纸杯、布、绳、毛线、毛根、包装带、胶卷、各类豆子、花生、棉签、铁丝、瓶管、雪糕棍、碟片、果冻盒、小石头（图片）等。	教师可以向幼儿介绍美术作品的要素，如色彩、空间、线条、形状、质地等，扩展幼儿的词汇。教师可以通过提问的方式引导幼儿说出作品的内容。教师可以让幼儿给自己的作品命名，并写上自己的名字，让孩子学习书写。幼儿对作品的描述记录下来。教师可以向同伴介绍自己的作品。教师可以向幼儿展示有关美术、画画、作品的书，帮助他们了解不同美术家的风格、作品特点。教师用语言、表情等表现对幼儿美术作品的理解。	教师可以向幼儿介绍不同质地的材料，了解物质科学内容。教师可引导幼儿观察加水后颜料、黏土的变化。教师可以与幼儿讨论在有些小制作中如何保持稳定。教师可帮同幼儿进一步地了解物质材料的特性。（如怎样才能把这两个东西粘在一起？）教师可以和幼儿一起收集自然物（如叶子等）帮助幼儿了解生命科学。教师可以让幼儿用不同的自然材料创作美术作品。教师可将小动物带到美术区让孩子了解动物的脚印，拓印或画下来再观察它们。教师可以让孩子画画的影子还可以用不同的自然材料创作美术作品。	教师可引导幼儿为自己的作品编号。教师可将各种材料分类并帮助记录并作标号，一一对应。教师可观察与了解他们的作品，引导幼儿美术作品中的对称，左右等。教师可通过交流了解他们的作品，方位如上面、下面、里面、旁边等。教师可以让幼儿在使用材料时，学习测量，如长一些、短一些的，用纸画一条线等。	教师可在美术活动中放一些背景音乐，以增加幼儿对音乐的感觉。教师可引导幼儿将美术活动与戏剧活动结合起来，可以让幼儿制作面具、自制海报或宣传画等。教师可以让幼儿在户外进行一些写生活动，增加对大自然的了解。教师可以指导幼儿欣赏一些名画，可以让观众不同的想象力，创作出自己的作品。教师可正确使用工具和材料，积极鼓励他们发挥想象力创作的作品。教师可引导幼儿学习分泥技法造型。教师可引导幼儿用点状、线状表现材料拼贴或制作作品时一定情节的作品。教师可利用各种工具、材料、小道具等，体验创造的乐趣。教师可通过示范引导幼儿学习正确的折纸方法。	教师通过介绍美术作品，帮助向幼儿介绍别人的生活，他们了解他们的生活。教师可让幼儿的父母或有美术特长的专业人士向幼儿介绍一些作品，包括编织作品、陶器等其他作品，教师可参与布置教室的环境，促进幼儿进一步了解关于美术的知识。教师可使用旧的材料或废弃的东西来创作品，帮助幼儿了解生态作品，与环保知识。教师可让幼儿同职业不同的人。

（续表）

区域类型	区域材料	语言	科学	数学	艺术	社会
建构区	成品材料：各种形状的大型积木、中型积木和小型积木若干。辅助材料：大小不等的木板、纸箱、易拉罐、绳子、塑料管、线、石头、建筑模型、楼房模型、测量工具、插片、雪花片、纸贴画、自制交通标志、花、草、人和动物的立体模型、小木桥、幼儿积木作品照片等。	教师可与幼儿谈论建构物，丰富幼儿的词汇和表达能力。教师可向幼儿介绍积木的形状：如圆柱、拱形等。教师可邀请幼儿介绍自己的作品，如谈谈关于桥的书、关于房子的书等。教师可提供一些与建构活动相关的书，如关于桥的书、关于房子的书等。教师可鼓励幼儿将自己建造的东西用文字或符号做一些标记，也可鼓励幼儿将所搭建的建筑物画下来。	教师可引导幼儿通过使用积木了解积木的不同（形状、大小、光滑粗糙、轻重等）。教师可以鼓励幼儿在搭建的过程中适当使用一些辅助材料，如小车，让幼儿探索坡度。教师可辅助幼儿利用材料充实他们的建筑充实物，如：通过增加一些小型动物让他们建造动物房屋、动物园等。教师可鼓励幼儿搭建不同的生活场景，帮助幼儿扩展有关生命的知识。教师可以引导幼儿了解建筑物所需的材料，如水、电等，还可以让幼儿了解建筑物需要的自然材料；如石头、木头等。	教师可向幼儿提出某些建议：如"每个人一次拿三块积木""请用三角形的积木搭建"等。教师可以鼓励幼儿探索得高高一些，长一些等。教师可在积木柜上做标签，方便幼儿分类。教师可引导幼儿认识积木的名称，如长方体、正方体、方体等。教师可以帮助幼儿理解上、下、前、后、左、右等方位。教师可鼓励幼儿用自己的身体与所搭作品比高度。教师可引导幼儿选择不同形状的积木搭建不同的物体，并可以提供积木造图，请他们按图搭建。教师可以让幼儿将建构的作品用符号或图形状进行统计。教师可引导幼儿先画图，再进行搭建；让幼儿了解几何、空间方位的概念。	教师可在用数积木建构的场景中进行表演，同时提供一些道具，如空盒子、帽子，可让幼儿演取得更好的效果。教师可以让幼儿将他们的建构作品画下来，或用相机拍摄下来以利于保存；或用各种材料表征他们的建筑作品与其他小朋友分享。教师可鼓励幼儿用各种材料表征他们的建筑作品。教师可引导幼儿学习整齐与美观的构造。教师可引导幼儿选择使用辅助材料，装饰精巧、美的建筑物或建筑群。	教师可以和幼儿谈论搭建的道路、某个场所等帮助他们了解空间、地理位置。教师通过了解建筑物中的商店和其他场所，帮助他们进一步了解成人们的工作、生活。教师进一步进行的讨论。教师可以鼓励幼儿合作搭建。供幼儿分工、合作搭建，如几个小幼儿合同搭建一个公园。教师可展现现地图，帮助幼儿了解如何用积木再建造他们熟悉的地方。教师可让幼儿学习看平面图，标示所代表的意思。教师可以鼓励幼儿在活动前引导幼儿进行一定的设想和规划，并通过分工合作完成一件较为复杂的工程。

（续表）

区域类型	区域材料	语言	科学	数学	艺术	社会
语言区	成品材料：各种图书、挂图、写字板、录音机、磁带、图片、指偶、手偶、小点读、点读（图片）等。收集材料：幼儿日记、幼儿抱枕、各种阅读材料等。自制材料：自制图书、识字卡片、文字拼图、图文匹配的讲述材料、套管练习材料等。	教师通过引导幼儿读故事，提高他们的语言意识可引导幼儿注意书籍中各种符号。教师在给他们读书时，可以引导幼儿了解读书的顺序，与幼儿一起读故事，向他们提一些开放性的问题。教师可用一些道具帮助幼儿回忆、复述熟悉的故事。教师可在幼儿阅读故事时，鼓励幼儿复述故事，讲述相关的图画。教师可自己有感情地讲述故事影响幼儿。教师可认真倾听幼儿，用较完整连贯的句子连贯地讲述故事情或引导幼儿进行图的编述故事。教师可以引导幼儿进行复述、讲述、复述，朗诵熟悉的儿歌或故事，仿编、续编熟悉的儿歌或故事，读故事、复述、讲述、朗诵，图文匹配。教师引导幼儿有感情地阅读图书，引导幼儿说出书中的时间、地点、人物和事件经过。	教师可引导幼儿观察图书中的信息，帮助他们了解有关知识，可引导他们了解有关生命科学动植物的知识。教师可以做一些小实验，如在某本书中读到的介绍，并做相关活动。教师可以和幼儿一起做书中读到的"美味的汤"，就可以尝试做到了中读到身的某些有关系的某些书时。在烹饪食物时，可以了解与食物健康关系的某些书食物等。教师们看到他们在使用的某些工具书，以了解它是如何使用的。教师可向幼儿了解某些信息，并鼓励他们查找相关的信息。教师鼓励幼儿相关话题进行谈话，或某些是写关于保护地球环境的话，地球环境问题进行写关于保护或某部门或给幼儿园、父母。	教师可以通过帮助幼儿理解数字概念。教师可在谈论的同和故事时与幼儿谈论比较有关数量的问题，如做句式的数量等。教师在与幼儿一起读书时，观看周围图片时，有关图形状、方位（前面、后面、下面、中间、里边、外面、左边、右边）等一些概念。教师可帮助幼儿理解一些有关比较和测量的概念。	教师可以指着封面给一些图的幼儿作解释。教师在与幼儿阅读图书时，可以鼓励他们模仿故事情节中有跳舞、打鼓、表演的部分。教师鼓励孩子尝试配乐朗诵。教师可以引导幼儿将主要形象画出来或制作出来。	教师可引导幼儿阅读不同职业、角色的故事及他们的工作生活。教师可以做一些帮助他们理解地理知识的知识。教师可以引导幼儿与幼儿地理这些地理知识。教师可以引导幼儿分享书籍，帮助幼儿了解简单的历史知识。教师可以邀请幼儿的父母到幼儿园来给他们讲过去的事。教师可引导幼儿注意倾听别人讲话，分享情感、情绪。教师可向孩子展示如何帮助他们了解更好地帮助他们了解周围的文字环境。

（续表）

区域类型	区域材料	语言	科学	数学	艺术	社会
角色区	成品材料：角色扮演所需的小柜子或小家具、各种小娃娃、公仔、各类厨具、各种面包、点心等生活中的真实材料。收集与相适应的材料和情境的各种用具，如商店的各种货物、小货架、收银机、吊瓶、医院的制服、针筒、药盒、药瓶、月饼盒、听诊器、病床、休温计、药瓶、歌舞演员、警察、理发师装、售货员等职业的服装（图片）、钱包、钱币（图片）、电话、锅、碗、勺子、微波炉、自制各类点心、电话簿、温度计等。书写工具：贴纸、笔等。自制材料：与本学内容相关的手偶、头饰、服装及一些角色匹配的道具、其他辅助材料等。	教师通过向幼儿介绍道具的名称（如听诊器、公文菜单、帽子和菜单）发展幼儿的词汇和语言。教师通过打扮（如你打算上哪儿去？）和阅读有关主题的故事，为他们提供角色扮演的线索。教师可以参与幼儿的游戏，丰富他们的词汇。教师鼓励幼儿讨论并扮演不同的角色。教师可以鼓励幼儿探索书写。	教师引导幼儿探索各类工具或物品的使用方法。提供一些道具，如植物、蔬菜、水果，扩展幼儿关于生命科学的知识。教师可以和幼儿谈论天气、物品的再利用等。教师可引导幼儿探索各种不同的调味道。	教师可帮助幼儿寻找解决实际问题的办法，如使用数字天平。教师通过与幼儿讨论角色的分配，教他们学习数学。教师可通过问题引导幼儿解决实际问题。（如某子上要放多少个盒子？）教师做一些幼儿练习。教师让幼儿在商店买货中的买卖中，练习20以内的加减法运算。	教师可教幼儿一些技能，使他们可以进行戏剧表演。教师可读一些情节、人物都比较简单的故事，让幼儿可以扮演。教师可以鼓励幼儿用手偶进行表演。教师可以教幼儿一些技能，使他们可以进行表演。教师可自制一些道具、服装及一些装饰物等。	教师可以通过地图让幼儿了解空间方面的知识。教师可带幼儿到附近商店散步，回来后与他们一起进行有关商店的角色扮演。教师可与幼儿讨论不同人的角色和分工，帮助幼儿认识不同职业的人。教师可通过一些指偶、人的图片，丰富幼儿对人的社会角色的认识。教师可引导幼儿学会轮流和等待。教师可指导幼儿对角色（如医生、警察等）的理解，正确反映角色特有的行为特征并能有创造性地表演。通过地图了解活动空间和幼儿间为扮演游戏前自行设计游戏情节、协调和分配角色。

（续表）

区域类型	区域材料	语言	科学	数学	艺术	社会
音乐区	乐器类：碰铃、三角铁、响板、铃鼓、圆舞棒、沙锤、录音机、录音磁带、表演的化妆品、指挥棒等。 自制材料：小鼓、沙锤、乐曲图谱、音乐谱、舞谱、五线谱、打击乐谱等。 道具服装类：表演服装、头饰、手绢、围裙、脸谱面具、草裙、照片）等。	教师可向幼儿介绍新的歌曲、乐器，发展他们的词和语言能力。 教师可以帮助幼儿理解歌词。 教师可以引导幼儿用动作表现歌词内容。 教师可回顾和其他幼儿分享其中的乐趣。 幼儿表演前或表演过程中作些提示，让幼儿进一步熟悉合词。 教师可看幼儿舞蹈进行表演并与大家分享。 教师可鼓励幼儿对音乐表达对的理解。	教师可引导幼儿探索不同乐器所发出的声音。 教师可鼓励幼儿设法发出轻音和重音。 教师可鼓励幼儿用自然环境中的材料制造乐器。 教师引导幼儿注意观察道具在手中随着音乐节奏而发生的变化。	教师可通过让幼儿唱数学歌曲来感受律动帮助他们理解数的概念。 教师可引导幼儿踩脚以及重复一些韵律动作帮助他们理解数量。 教师可请幼儿绕着一定的孩子围成图形走，帮助孩子探索几何图形。 教师可让幼儿的伴随着拿着某物体放在不同的位置，如上、下、前、后、左、右等，帮助幼儿理解空间。 教师可引导幼儿随着音乐的快、慢节奏做动作。 教师活动中让幼儿进行一些比较活动，如跨一大步、走一小步，像一个巨人走；小步走，像一只小虫等。	教师可让幼儿跟着音乐唱歌、跳舞、演奏打击乐器等。 教师可让幼儿演奏不同形式的音乐，以及探索不同的动作。 教师可提供多种不同风格的音乐，让幼儿倾听或进行独奏或尝试合奏。 教师可让幼儿表演熟悉的故事，幼儿即兴或创造性表演。 教师可鼓励幼儿学习简单的舞步（如小跑步等）。 教师可鼓励幼儿随音乐听辨出不同风格的曲子（如舞曲、摇篮曲、舞曲）。 在教师鼓励下幼儿能即兴用声势动作为歌曲的表演打节奏。 教师组织幼儿观看和讨论表演，提高幼儿的表演水平。	引导幼儿在参与音乐活动中学习空间和地理概念（前、后、上、下、左、右等）。 通过介绍不同民族的音乐、舞蹈，告诉幼儿关于不同人群的生活。 向幼儿介绍不同文化的音乐和舞蹈，帮助幼儿了解不同文化背景下所特有的音乐和乐器。 通过介绍我国其他民族的音乐、乐器发展，引导幼儿对不同文化及人群的欣赏。 教师向幼儿介绍其他民族的服装、道具，帮助幼儿感受我国多民族的不同文化风情。 教师可组织合作，分成两人或多人小组进行舞蹈。 教师可向幼儿介绍的民族音乐，引导幼儿欣赏一些特别的文化，引导幼儿对别的音乐、人的欣赏（如非洲、拉美的音乐、舞蹈等）。

（续表）

区域类型	区域材料	语言	科学	数学	艺术	社会
科学区	测量工具：直尺、软尺、三角板、纸条及绳子等计时代物、量杯、温度计、时钟等。智力类：七巧板、迷宫拼图、钓鱼玩具、各种各样的球、大小不同的夹子、长短不一的夹子、各种棋类。废旧物品探装拆玩具：手电筒、锁、各种钟子、磁铁类：铁、钟、齿轮、天平、回形针、电话机、电池、电筒、昆虫盒、磁铁、实验器、望远镜、真实的开瓶器、提供真实的动植物（图片）。数学材料：多级排序操作卡、时钟分类、数字接龙卡、数学加减操作卡、图形拼贴卡等。	教师通过与幼儿交谈、帮助幼儿增加词汇，发展语言。教师可以和他们谈谈摸、看时的感受，听他们大胆表达，鼓励他们大胆表达。教师可看到、听到、做的事用语言描述出来。教师可用符号记录所发现的事物，引导幼儿更多地关注文字。教师可与幼儿一起阅读一些有关科学方面高的书籍，以提高幼儿对科学方面的兴趣。教师可鼓励幼儿用自己的语言描述自己的发现，与同伴交流和分享，招来招去，招引同伴表达自己的问题的观点。	教师可与幼儿讨论动、植物如何生长，如何运动。教师可引导幼儿多观察周围事物，更多地发现周围世界中存在的生命现象。教师可以向幼儿介绍一些物质方面的知识。教师可引导幼儿用一些物品，如水，以进行小实验，以了解物品的特性。教师可借助贝壳、石头、沙、土以及其他东西向幼儿介绍周围环境。教师可让幼儿收集一些东西，从中整理、分类，留下实验后的东西可以和实验物理。教师可以讨论天气的变化。教师可引导幼儿使用各种工具，以帮助他们了解材料，各种工具的特点。幼儿自由操作，让幼儿在发现操作中获得直接的经验。	教师可让幼儿通过各种活动计数及统计相关美物品。教师可让幼儿通过一一学习实际操作物品，学习对应的技能。教师在引导幼儿观察生命（如蝴蝶）时，可以帮助他们发现对称、数量等现象。教师可帮助幼儿认识球体、圆柱形、正方体、长方体，并根据形体特征进行分类。教师可鼓励幼儿对自然界中的物品进行分类，如磁性的、活的等。教师可引导幼儿按高矮等进行排序，通过实际使用图表，画有将发现记录下来。教师可引导幼儿将粗细、厚薄、高矮等进行排序，通过实际活动让幼儿计数。教师可让幼儿认识时钟、半点、日历、整点。教师可让幼儿在操作活动中学习数的分解与组合。	教师可与幼儿谈论收集到的树叶、蝴蝶等，帮助幼儿感受自然的美。教师可让幼儿用绘画或制作的形式再现他们的发现。教师可引导幼儿发声的物品。教师可在同样的瓶子里装不同的水，量击其发出不同的声音。教师可与幼儿谈论收集到的树叶、蝴蝶等，帮助幼儿感受自然的美。	教师可通过使用一些词，如"我们站在车子下坡后面"等引导幼儿学习空间和地理方面的知识。教师可引导幼儿合作解决某些问题，遵守规则，了解安全方面的知识。教师可介绍一些生活用材料，幼儿们如何使用。教师可让幼儿参观或介绍一些职业和专用的工具。教师可引导幼儿合作解决某些问题，如帮助幼儿了解不使用所工具。幼儿了解镜子可以帮助人，比如带人所需的工具。幼儿了解镜子可以使用小镜子如何帮助病人检查牙齿的。教师可鼓励幼儿与同伴进行科学游戏。

四、区域活动的指导

区域活动的氛围越宽松，材料越丰富，形式越多样，幼儿主体性发挥越好，教师指导也会越有效，越能促进幼儿大胆探索、自信表现、专注学习的品质。如何推进区域活动顺利进行，如何不断提高区域活动质量和水平，如何在区域活动中培养幼儿学习品质，如何化解区域活动中的冲突等问题，都需要教师进行有效的指导。

（一）区域活动指导的原则

1. 必要性原则。在幼儿进行区域活动时，教师要留心细致地观察幼儿玩什么、怎样玩、和谁玩以及在活动中的具体行为表现，根据幼儿经验和操作情况进行合理判断，以确定教师指导的必要性和准确时机（如：当幼儿出现纠纷或过激行为时，存在安全隐患时，幼儿遇到困难和挫折难以实现游戏愿望时，主动寻求帮助时，游戏遇到瓶颈需要支持激活时，等等）。教师要仔细观察幼儿状态，施以及时的指导。

2. 隐蔽性原则。

（1）指导对象隐蔽。区域活动中幼儿分散到各个区域，活动的项目内容众多，活动过程也灵活多变，没有固定的时空，具体的指导目标要靠教师自己的教育智慧去捕捉，存在指导对象的隐蔽性。

（2）指导者身份隐蔽。区域活动强调幼儿的主体地位，尊重幼儿在区域活动中的自主表现，大多情况下教师都不干预幼儿活动，以避免导致活动性质改变。教师指导的身份很巧妙，时常不动声色，以多元的角色身份平行或直接介入（如：伙伴身份或游戏中角色身份），进行启发和引导。

（3）指导手段隐蔽。区域活动中教师的指导多以小组和个别指导为主。教师实施指导的方式也灵活多样，有直接指导和间接指导，多数情况以间接指导为主。教师施以指导中还要注意指导的语言，既要有具体形象，又要有艺术感，以激发幼儿活动欲望，支持鼓励幼儿持续活动，提升活动质量。

3. 针对性原则。

（1）根据年龄特点，开展针对性指导。各年龄段幼儿的发展特点不同，教师指导的策略也有所不同，小班孩子的指导少些空洞语言，多些直观形象的动作示范，大一些的孩子可直接以玩伴身份介入，通过参与活动进行间接指导。

（2）根据区域功能和内容不同，开展针对性指导。各区域功能不同、活动内容不同，指导重点也有区别，如娃娃家游戏区的指导重点在人际交往和与人沟通，美工区域的指导重点在观赏作品和大胆创作表现，阅读区域的指导重点在良好阅读行为习惯的养成，科学和数学区域的指导重点在工具的使用、操作技能练习和思维培养。

（3）根据个体差异性，开展有针对性指导。幼儿之间的发展是不同步的，存在较大的个体差异，教师指导的重点在于帮助幼儿依靠材料进行自我学习和经验建构。因而教师指导要因人而异，首先观察幼儿在区域活动中的表现，准确判断个体的最近发展区，其次为他们搭建发展的支架，提供深化活动的支持，实施有针对性的指导。

（二）区域活动指导的基本策略

1. 规则的建立和遵守是开启区域活动的保障。

区域活动规则的建立和遵守，是保障区域活动顺利开展的内在需要。规则不会限制幼儿的自由自主活动，区域活动的规则建立是由师幼共同制定，规则的遵守需要教师耐心坚持。

（1）师幼共制规则。规则是群体中每个人都要遵守的，因此规则建立要让幼儿直接参与进来，只有幼儿自己认同和接纳的规则，才能更好地被遵守。其次要让幼儿体验到在区域活动中遵守规则带来的快乐、秩序、安定和公平的心理感受，有遵守规则的愿望。

（2）帮助遵守规则。幼儿规则意识的养成不是一朝一夕的，需要教师用心巧妙的安排，持之以恒的坚持。首先教师要通过榜样示范、模仿学习、游戏巩固等方式让幼儿掌握遵守规则的行为；其次教师可以通过环境的布局、材料投放、图示标识的设计，如：图文并茂的规则书、暗示区域人数的小脚印、禁止喧哗的符号等发挥环境暗示作用；其三可以根据区域活动中的具体情况，组织幼儿相互讨论，修改不合理的规则，增加实用的规则，以强化对规则的理解和意识，有利于幼儿对规则的巩固内化，形成自律行为。

2. 指导的适时和有效是开展区域活动的助力。

（1）通过材料指导。没有区域材料就没有区域活动，区域活动中教师最隐蔽的指导就是通过区域材料，把教育目标都物化到材料之中，通过提供材料的层次递进引导幼儿有序地发展，通过材料的调整引导幼儿的发展方向。

（2）通过伙伴指导。幼儿在区域活动中，会自然找寻自己的伙伴，形成三三两两的小组一起游戏，教师要把握幼儿喜欢与小朋友一起学习和好模仿的特点，加以适切的指导。

（3）通过参与指导。区域活动能深入开展，最有效的指导就是教师的有效参与。教师首先可以通过以玩伴的身份参与活动，自然地平行或交叉介入开展指导，不会给幼儿造成压力和产生距离感，其次可以灵活地借助游戏、语言或行为，与幼儿真情互动，根据游戏进程，解困惑、给支持。

（4）通过讨论指导。区域活动能够彰显幼儿的个性，每个幼儿都有自己的主见，教师可以通过活动前的讨论，帮助幼儿增强活动开展的计划性和目的性，获得丰富的想法和启发，提高自主学习和建构能力；活动中的讨论，使导致活动难以顺利进行的困难和纠纷得以解决，锻炼幼儿协商讨论解决问题的能力和闪光点；活动后的讨论可以帮助幼儿展示成果，分享梳理经验，获取同伴的经验资源，提升活动的成就感。

3. 观察记录和评价是深化区域活动的前提。

（1）观察。在开展区域活动中，教师要有意识地采用直接观察和间接观察、参与观察与非参与观察、结构性观察与非结构性观察，时间取样观察、事件取样观察、个体取样观察的方法，留心观察孩子的神情、体态、行为、对区域是否热衷和参与状态、动作发展操作表现、使用材料情况、人际交往、语言表达、偶发行为、活动结果、区域环境对孩子影响……

（2）记录。记录是观察的重要组成部分，是观察的延续，可以增进观察的计划性、细致性和有针对性。记录的主要方法有：多媒体记录法（视频、录音、拍照）、轶事记录法、实况详录法、图示记录法、作品记录法、时间取样记录法、事件取样记录法、系统表格记录法等。

记录是为了提供证据来支持教师对幼儿的客观评价。教师可以结合幼儿年龄特点进行分析和反思，可以结合成长背景进行分析和反思，可以在纵向和横向对比中进行分析和反思，可以结合心理学、教育学进行分析和反思，还可以结合幼儿发展常模进行分析与反思。

观察记录还要注意观察的目的性、系统性，做好观察前的准备工作，对观察内容进行选择。观察记录要本着客观、公正、真实、详细、无偏见、不主观判断的原则，记录后要进行分析反思，观察记录前可以与同事交流与研讨。观察记录要保护幼儿的隐私权，最后要处理好观察记录与正常区域活动指导的关系。

（3）评价。对教育对象的评价是教育工作的重要组成部分，是教师运用专业知识审视幼儿表现的过程，是教师了解教育适宜性、有效性，调整和改进工作的依据，是促进幼儿发展，提高教育质量的必要手段。

其一，评价幼儿活动的兴趣和参与度，看幼儿参与时是否兴致高昂地摆弄玩具、操作材料，是否喜欢与同伴合作、分享和交往，活动时是否专注投入，参与时间较长，且对活动结果关注。

其二，评价幼儿在区域活动中的自主性、目的性和计划性。看幼儿在区域活动中是否有较强的计划性，如：积极选择喜欢的区域、主动选择玩伴和材料、主动与同伴交流和交往、主动寻找合作、与同伴争执时不轻易放弃；看幼儿是否有明确的兴趣和愿望，知道怎么玩。

其三，评价幼儿参与群体活动的兴致，在群体活动的位置和作用，如：处于主动地位，愿意出主意，喜欢跟从别人，有和谐和较稳固的交流与合作的朋友，能与同伴分享区域及材料，能自律地遵守规则，较少与同伴发生纠纷，有自己的办法解决与同伴的争议，如：协商、退让、讲理、轮流、寻求调解。

其四，评价幼儿的认知发展水平，如：活动中幼儿能勇敢面对困难和问题，积极寻找办法解决；活动中幼儿创作的作品水平高低，是否艺术性和表现力强，有独创性、复杂性和完整性；活动中幼儿是否既呈现已有经验，又能灵活运用和迁移新经验，让游戏富有变化；活动中幼儿是否思维活跃，能创造性使用材料，喜欢选择有难度有挑战的材料，发挥一物多玩的功效；活动中幼儿是否善于表达自己的愿望和兴趣，能清晰表达自己的意见，不轻易与他人发生肢体纠纷，善于用语言沟通交流，评价自己和别人也较准确。

其五，评价幼儿的规则意识和守规则的能力，幼儿能清楚知道区域活动的规则，能自觉约束自己遵守规则，若违反规则愿意改正，若同伴违规也能规劝和制止。

表6-5　荔湾区幼儿园区域活动评价表（试行）

幼儿园及班级	评价人		总得分		
评价项目	评价要素			得分	
				自评	他评
区域活动保障（20分）	1. 工作目标：在全园计划中是否将环境创设和区域活动要求列入其中。（5分）				
	2. 教研活动：每学期的教研活动中是否有关于研讨区域设置和组织开展区域活动的内容。（5分）				
	3. 考核工作：在对教师工作考核中是否有区域设置和组织开展活动的内容。（5分）				
	4. 家长工作：在家园工作中是否向家长宣传或讲解区域活动的意义。（5分）				
区域活动设置（30分）	1. 区域空间分割科学合理，因地制宜，合理布局，区域数量与大小适宜，每班为幼儿提供与年龄段相适应的活动角区不少于6个，动区与静区要避免相互影响，开放与封闭程度要有所差异（因需而设），区域之间要联动。（5分）				
	2. 区域材料既能体现学期目标，又与月和周目标相符，隐含教育价值，能满足幼儿需要，能引发幼儿积极高效地与材料互动。（5分）				
	3. 区域活动时间每日不少于1小时。（5分）				
	4. 区域材料符合幼儿的实际年龄特点和实际水平，并体现领域特点。区域空间体现以幼儿为本，能站在幼儿的立场进行规划和设计，区域能为幼儿喜爱和留恋，能促进幼儿全面发展。（5分）				
	5. 为幼儿提供的材料体现高结构与低结构相结合，既有主体材料、工具性材料和辅助性材料，又有不加工材料、半成品材料、成品材料，材料数量充足，有层次性，具有可操作性。（5分）				
	6. 活动区的材料安全、卫生（没有锐利、有毒、易破碎的材料）。（5分）				

（续表）

幼儿园及班级		评价人		总得分			
评价项目	评价要素					得分	
						自评	他评
组织区域活动过程（30分）	1. 规则要求：建立区域活动常规，材料投放由少增多，摆放有序，固定物品的取放处，以符号或图示与物品一一对应，幼儿能自行按标识进行适当的整理。（4分）						
	2. 师生共同建立规则，执行规则，设置"进区活动卡"，幼儿可根据自己的兴趣、意愿、能力按规则进区活动。（4分）						
	3. 能引导幼儿共同参与制订区域规则，师生关系和谐，区域空间规划和谐有序，有动态变化，满足安全卫生健康等要点。（2分）						
	4. 观察指导：能细致观察幼儿的活动，了解幼儿的需要和发展水平，并有记录和反思。（4分）						
	5. 能巡视、照顾全体幼儿的活动，在活动过程中给予适时适度的指导。（3分）						
	6. 能根据安排有重点地指导，对游戏水平低的儿童有针对性的指导。（3分）						
	7. 组织引导：根据幼儿现有发展状况，引导幼儿选择适合的活动。（4分）						
	8. 能根据幼儿操作情况及时调整指导策略，有效处理临时出现的各种情况。（2分）						
	9. 能根据幼儿目标达成度调整活动计划。（4分）						

（续表）

幼儿园及班级		评价人		总得分		
评价项目	评价要素				得分	
					自评	他评
幼儿参与（10分）	1. 参与活动积极主动，自觉遵守规则，学会合作并互不干扰。（3分）					
	2. 积极地应用活动材料，创造性地活动。（3分）					
	3. 大胆表现自己获取的经验，能体验到活动和成功的愉悦。（2分）					
	4. 个别幼儿能够灵活解决活动中的问题。（2分）					
区域活动实效（10分）	1. 多数幼儿能完成活动任务，基本实现教育目标。（4分）					
	2. 每个幼儿都有不同程度的收获，有再活动的愿望。（4分）					
	3. 能够自我评价，与同伴交流游戏经验。（2分）					

Xingmuzai
Xuexi

第七章

"醒目教育"劳动课程

随着《关于全面加强新时代大中小学劳动教育的意见》的颁布，劳动教育再次受到了高度重视。"醒目教育"劳动课程通过在学前教育阶段开展因地制宜的劳动教育，培养有责任感、有主人翁精神、有家国情怀的孩子。

习近平总书记在全国教育大会指出，"培养德、智、体、美、劳全面发展的社会主义建设者和接班人""弘扬劳动精神，教育引导学生崇尚劳动，尊重劳动"。"德、智、体、美、劳"五育并重再次成为重要的教育方针。

鉴于劳动教育的重要性，幼儿园必须重视幼儿劳动教育。《纲要》强调"幼儿园应与家庭和社区合作，引导幼儿了解自己的亲人，以及与自己生活有关的各行各业人们的劳动，培养其对劳动者的热爱和对劳动成果的尊重"。《指南》也指出，幼儿学习以直接经验为基础，将劳动教育渗透在每个领域的任务要求和教育经验之中。

第一节   "醒目教育"劳动课程概述

我国的幼儿劳动教育有悠久的历史文化传统，幼儿劳动课程应如何准确定位、恰当发展，才能使之真正成为家庭教育和幼儿园课程不可或缺的组成部分？

一、"醒目教育"劳动课程概念

"醒目教育"倡导幼儿期的劳动教育应该以形成正向积极的劳动情感态度为主，以学会使用工具和知识技能为次；从实际生活出发，从服务自我开始，到服务他人，服务集体和社会；实施亲身经历、实践体验、直接操作，以获得直接经验的教育方式；形成"崇尚劳动"观念，掌握生活自理能力，形成热心服务集体和社会的意识。这与"醒目教育"和"醒目"课程的核心理念"目为醒之源 醒为目之成""课程重构 魅力游戏"相一致。

在我看来，幼儿劳动是一种生而有之的人的本能行为，是满足自身成长需要的行为表现，应该顺应其需要，给予时间空间材料让其更多尝试，而不是压制或剥夺其以体力智力模仿成人劳动的权力；幼儿劳动更是一种游戏，是一种学习活动，一种与生活密切结合的探究活动。作为游戏性质的"劳动"，是幼儿渴望成长，渴望与成人共同生活愿望的活动，这与成人劳动以创造劳动价值为目的不同，幼儿劳动只注重劳动过程中的身心体验价值，较少注重实用价值，是一种积极主动的社会实践游戏，也是幼儿期的"工作"，不受外部功利因素控制，没有任务性，而是积极美好的心理体验，产生"劳动真幸福"的感觉，从而接纳劳动、热爱劳动。

二、"醒目教育"劳动课程意义

幼儿劳动教育由来已久，"中国现代儿童教育之父"陈鹤琴先生认为，对幼儿进行劳动教育，培养幼儿的劳动习惯和技能，不仅是"生活使然"，更与幼儿的全面发展之间有着不可分割的联系，其"活教育"的第一原则便是"凡是儿童自己能够做的，应该让他自己做"。

《关于全面加强新时代大中小学劳动教育的意见》指出，"劳动教育是中国特色社会主义教育制度的重要内容，直接决定社会主义建设者和接班人的劳动精神面貌、劳动价值取向和劳动技能水平"。

"醒目教育"是培养"醒目"儿童的教育，"醒目"的孩子生存能力强，五感敏捷，积极进取，乐观开朗，热爱生活，劳动教育对培养"醒目仔"有重要意义。首先，幼年期是以自我为中心的，如何正确形成"自我"与他人的关系？幼年劳动能够自然地延伸到他人、社会群体，在集体中锻炼和发展人际交往能力，通过积极主动发挥自己的作用，找到自己的位置和归属感，促进幼儿社会角色的认知和社会交往能力发展，形成"利他"品质。

其次，幼儿通过双手劳动，可促进左右脑的开发，手的灵敏动作能对大脑皮质运动区产生良好的刺激，使脑细胞得到锻炼，促进智力的综合发展和进步。劳动不仅能养成良好的生活习惯，还能促进肌肉、骨骼等方面的发育和肢体动作灵活性的提升，更能让幼儿在动手、动脑的反复实践及同伴互助与操作探索中收获知识、积累经验，变得更加能干、聪明、懂事，形成良性循环。

三、"醒目教育"劳动课程特点

1. 生活性。劳动内容源于生活，是日常生活的自理性行为学习，是需要养成的一种良好的生活习惯，其教育目标是综合的，教育内容是多领域融合的。

2. 自然性和规范性。幼儿劳动一方面是一种生活常态的自然行为，是本应该做的事，不是任务性行为，因此无需特殊的物质奖励，但对这种自然可以给予精神激励，使劳动成为习惯性行为；另一方面，也是幼儿为所在群体积极奉献自己的能力所做出的一种服务行为，又需要一定的规范性，如：担任值日生角色，就要有组织纪律性，知道自己要做什么、怎么做，要有责任感，要按时认真完成。

3. 游戏性。幼儿劳动是一种模仿成人劳动的行为活动，主要目的在于在模仿劳动的过程中获得直接经验作为价值回报的游戏活动。

四、"醒目教育"劳动课程开发原则

1. 把握育人导向。幼儿园劳动教育课程的开发，应该紧紧围绕我国教育目的"培养社会主义的接班人和建设者"的育人目标，准确把握幼儿期劳动教育的价值取向，引导幼儿树立正确的劳动观，从而崇尚劳动、尊重劳动，增强对劳动人民的感情，为创造美好生活奉献劳动，培养生存力强、有责任担当的时代新人，提升幼儿生活自理能力、服务他人和集体的情感意识，促进身心健康成长。

2. 遵循教育规律。幼儿园劳动教育课程的开发，要遵循幼儿的年龄特点，注意安全性，以亲身经历、实践体验、直接操作获得直接经验的手脚协调并用劳动为主，以学习应用力所能及的科技产品工具进行劳动为次，创造出不同价值的劳动成果，在劳动过程中，体验劳动带来的美好变化，提升育人实效性。家庭劳动教育要自然化，幼儿园劳动要规范化（责任感），社会劳动要多样化，形成协同育人格局。

3. 体现时代特征。科学技术的飞速发展，使劳动学习在学习使用简单的劳动工具基础上，多了学习现代科技成果带来的现代工具，以提高劳动成效，如：家用电器的正确使用，智能工具的应用。

五、"醒目教育"劳动课程理论

幼儿园劳动教育是指劳动意识、劳动观念的教育，也是品德教育的重要内容之一。它包括幼儿的劳动习惯、对劳动的态度、对劳动者的看法及对劳动成果是否珍惜等内容。

（一）目前幼儿期劳动教育存在的问题

在一些成人眼中，幼儿是没有劳动能力的，让幼儿劳动反而会增加大人的劳动负担；也有些家长错误地认为，幼儿劳动会浪费宝贵的学习时间，发展智力比劳动更重要。这些想法忽略了对幼儿劳动习惯和劳动观念的培养；在家庭中，一些家长劳动教育意识淡薄，对孩子过度保护和宠爱有加，事事包办代替，剥夺或压制幼儿本能劳动欲望，让幼儿没有了劳动机会。在幼儿园教育

中，劳动课程没有被纳入课程体系中，实施呈现碎片化，没有考核指标，这使得劳动教育在幼儿教育中日趋边缘化。

（二）幼儿期劳动教育中应注意的问题

1. 幼儿劳动的目的是出于劳动过程中的教育价值，因此不能把劳动当成惩罚幼儿的手段，也不能把幼儿当劳动力使用。

2. 劳动内容、时间、难易程度和劳动量要适合幼儿的身心发展。

3. 重视幼儿在劳动中的情感体验和劳动成果的分享、保管，不打击幼儿的劳动积极性。

4. 所有劳动都必须符合国家对安全、卫生条件的要求。

5. 劳动要以兴趣为基础，要循序渐进，要创设良好的劳动环境。

6. 幼儿劳动要习以为常，常态化、习惯化、自然化。

第二节　"醒目教育"劳动课程内容

确定"醒目教育"劳动课程内容，要依据幼儿身心发展特点和日常实际生活，根据《纲要》《指南》等文件要求，围绕情感态度、知识、技能三个维度目标，设定幼儿劳动教育的内容，主要包括三个方面：一是自我服务劳动，培养幼儿生活自理能力；二是服务他人和集体的劳动，在自我服务的基础上，进一步服务他人，服务集体；三是学习活动中劳动，通过观察认识，以游戏模仿成人劳动，通过种植植物和饲养小动物活动，了解成人的劳动技能和动、植物生长的基础知识，启蒙劳动意识，培养劳动习惯，体验劳动快乐，知道人人都要劳动，劳动最光荣，懂得珍惜劳动成果，提高劳动兴趣，养成劳动习惯。

一、"醒目教育"幼儿园劳动课程总目标

1. 树立劳动最光荣、劳动最崇高、劳动最伟大、劳动最美丽的观念。

2. 体会劳动创造美好生活，劳动不分贵贱，热爱劳动，尊重劳动者，培养乐于奉献的劳动精神。

3. 满足生存发展需要的基本生活自理能力，形成自己的事情自己做的良好

劳动意识和习惯。

4. 珍惜自己或他人劳动所创造的成果。如：干净的环境、食物、用品等，不浪费，有基本的敬畏心。

二、"醒目教育"劳动课程具体实施

（一）自我服务劳动

在日常生活中形成自我照料的意识，养成满足生存发展所需的基本劳动能力的习惯。幼儿学习需要通过充分的动手操作机会，只有满足幼儿动手操作，自己的事情自己做，不麻烦别人帮助，才能真正学会自我照料，培养其良好的生活自理能力。一个会自我照料的孩子，内心充盈，朝气蓬勃，热爱生命。具体内容按不同年龄特点，由易到难，循序渐进，有所侧重和区别。具体如下：

1. 学会使用小勺、筷子进餐，饭后擦嘴，收拾饭桌，口渴自己打水喝。

2. 学会穿脱衣服、裤子（裙子）、袜子，衣领衣角对整齐。

3. 学会穿鞋子、系鞋带，学会扣纽扣、叠小被子。

4. 学会自己正确洗手、刷牙、洗脸、梳头、洗头、洗澡、洗脚，学习使用指甲剪剪指甲，自理大小便，正确擤擦鼻涕。

5. 学会整理自己的衣柜、背包、工作台（书桌）、玩具柜，如：游戏结束后能自己收拾玩具，在成人指导下会正确分类，物品摆放有序、美观，方便取放。

6. 学会整理自己的床铺，整理被子、枕头，脏了会放洗衣机，在成人指导下，学会开机洗，洗好后自己晒，晒好后自己收拾放好。

7. 学会按天气冷暖穿合适的衣服，学习将自己收拾得干净整洁。

（二）服务他人和集体的劳动

教育本身应该是引导孩子追求美好生活，通过劳动的方式更是能引导孩子建设干净整洁舒服的美好家园。

1. 学会搭把手分担成人劳动，如：帮助长者穿针引线，帮助家长、老师做力所能及的搬玩具、扫地、倒垃圾、收拾物品并摆放整齐，等等。

2. 学会维持公共场所整洁有序。如：看见小椅子倒了，主动扶起来，摆好；看见地上有纸片垃圾，捡起来，丢进垃圾筒。

3. 乐意为集体做点事。如：通过角色"值日生"或小组长来为小组成员提供服务，餐前摆桌椅、擦桌子、分发碗筷、取食品、收拾玩具等。

（三）学习活动中的劳动

1. 角色扮演中的角色劳动。观看成人劳动场景，认识各种职业的特点，进行劳动教育。如：带领幼儿到食堂看炊事员劳动，让幼儿了解香喷喷的饭菜是炊事员认真工作，用汗水换来的；带领幼儿参观医院，认识医生给病人看病也是一种劳动；还可带领幼儿到田野、修理铺等参观劳动，让幼儿认识劳动的社会意义，感受"劳动创造生活"，劳动是生活不可分割的部分。

2. 种植劳动。在小花园、小菜园的种植活动（水栽、土培、种葱、绿豆发芽）中，通过播种、除草、松土、浇水、施肥、采摘等劳动，耐心观察植物的生长历程，感悟生命的成长，体验丰收的喜悦，领悟劳动的真谛。

3. 养殖劳动。饲养小动物，如：猫、狗、鸟、金鱼、蚕宝宝，通过喂食、照料等劳动，观察生命生长中的变化，体会情感的喜乐哀愁，领悟劳动的真谛。

4. 模拟生产的劳动。模拟的生产场所可以为泥工坊、木工坊、机械坊、风筝坊、美食坊、美工坊等等。如在"美食坊"跟厨师一起加工制作美食，在这个过程中，孩子们不仅学会了食物的制作方法，更体验到了分享的乐趣，也让孩子们了解到食物是人们通过辛苦劳动创造出来的东西，从而培养孩子们热爱劳动、珍惜劳动成果的优良品质。

总之，在学习活动的劳动教育中，教师要注意引导幼儿体验劳动创造的乐趣，学习歌曲《劳动最光荣》和丰富的文学作品，增进积极向上的劳动情感；使幼儿认识到"我的小手真能干"，越做越能干，并通过学习《我有一双能干的手（儿歌）》意识到自己不仅会玩玩具还能做玩具。此外，也要让幼儿知道劳动的艰辛，珍惜他人的劳动成果，逐步培养幼儿良好的劳动习惯和热爱劳动的思想品德。

第三节　"醒目教育"劳动课程实施

一、幼儿劳动课程实施的基本原则

（一）尊重兴趣性原则。在劳动教育过程中，应注意从幼儿的兴趣出发

不能让劳动成为幼儿成长过程中的负担，教师和家长应该创造健康的劳动

氛围，积极引导幼儿对劳动的兴趣，有针对性地展开幼儿劳动教育。在家庭生活中，当孩子们有兴趣学习成人劳动时，家长就应该有针对性地因势利导，应该允许幼儿去模仿家长扫地、洗衣服、摘菜等简单的家务劳动，让孩子学会正确的劳动技能。

（二）幼儿劳动教育要把握好循序渐进的原则

劳动教育要根据幼儿的认知和身心特点来进行。在家庭和幼儿园，成人应根据各年龄段幼儿的特点有计划安排不同内容的劳动项目。小班以自我服务劳动为主，如：学习自己穿衣服、鞋子、袜子等，自己端碗、吃饭，自己擦鼻涕，自己擦嘴、洗手等。中班从自我服务到为集体服务，如：用餐前，让幼儿来分碗、分调羹等。大班在小、中班的基础上，学习自主管理，如：整理自己的学具、整理书包，自己叠衣服、叠被子、洗杯子、洗手帕，乃至帮助老师擦桌子、晾晒小毛巾等。通过分阶段的劳动练习，幼儿在思想上已由"为我服务"养成"自我服务"，并逐渐养成为他人、为集体服务，爱劳动的习惯。

（三） 幼儿劳动教育要保持家园一致的原则

家长是促进幼儿劳动素质教育的桥梁，幼儿园是实施劳动素质教育的主体，若家庭与幼儿园教育形成方向一致的教育合力，就会收到事半功倍的效果。教育孩子从小热爱劳动，就是为孩子的人生道路创造一个良好的开端。通过劳动教育，不仅可以培养孩子的生存技能，而且可以锻炼他们的意志品质，促进他们的综合能力的发展，为他们将来自立于社会打下基础。

二、将劳动课程自然渗透到游戏和日常生活中

游戏是幼儿园最主要、幼儿最喜欢的一种活动形式，把劳动教育设计成游戏活动，让幼儿在玩中学，在玩中做。如小班收拾玩具、擦椅子的劳动，设计成"帮小玩具找家""给小椅子洗澡"的游戏。中班幼儿学穿衣服、叠被子、系鞋带后，组织幼儿进行"看谁穿得快""看谁叠得快又好"等比赛性游戏。在游戏中，幼儿参与意识强，积极性高，再加上教师的指导性、鼓励性话语，往往会收到事半功倍的效果。在组织语言、音乐、健康等领域的教育活动中，适时地集中渗入一些劳动教育内容可收到强化教育之效。在幼儿一日活动中，教师要有意识地为幼儿提供劳动的机会和条件，如组织大班幼儿帮助食堂叔

叔、阿姨剥豆角、摘菜叶、包馄饨等，指导幼儿做好为班级、整理物品、摆放碗筷等值日性工作。这些劳动对幼儿来说既新鲜又有吸引力，教师要给予讲解、示范和耐心的指导帮助，使幼儿了解具体的要求和要领。如教幼儿扣纽扣，教师可边示范边用儿歌的形式讲解：小小扣眼排一排，漂亮纽扣住进来，你若把它送错门，出门别人笑哈哈。这样孩子就能更好更快地学会这些事情，掌握一些简单的日常生活技能，这对幼儿的发展是十分有利的。把劳动课程自然渗透到游戏、日常生活和各领域教育之中，让劳动教育无处不在却又经常隐而不彰。

三、创设实施劳动课程的良好环境

根据幼儿年龄特点和劳动教育内容，在家庭和幼儿园创设自我服务"动手角"，幼儿随时可进行如系鞋带、穿衣服、扣纽扣、叠被子等游戏性练习及比赛活动。在家里可以利用院子或阳台，在幼儿园可利用户外边角地开辟种植园、养殖角，按季节带领幼儿种瓜、种豆，指导幼儿给植物松土、浇水、施肥、除草等，收获时教师和小朋友一起采摘果实。在饲养角，幼儿精心饲养各种小动物，不但了解这些动物的特征、习性，而且还能在实践中学会关心爱护小动物，促进社会发展。幼儿园或家长要尽可能地创造条件，在播种、锄草、收获时节带幼儿到农村参观、参加一些劳动，到工厂参观一些产品的生产制作过程，让孩子知道粮食是农民辛苦劳动种出来后，又经过许多工序加工而成的，玩具、衣服等是工人制造出来的，以此培养幼儿爱劳动、珍惜劳动成果的优良品质。

四、家园配合，同步要求

对孩子进行劳动教育离不开家长的配合与支持，否则幼儿园与家庭要求不一致，家长仍然事事处处包办代替，幼儿劳动习惯和劳动情感的培养就难以见成效。为此，要充分利用家长园地、家访等形式向家长宣传劳动教育的意义和方法，要求家长为孩子创造良好的劳动环境，提供一定的劳动条件，鼓励孩子自己能做的事情自己做，并做一些力所能及的家务劳动，不要因孩子不会做或做不好而加以制止、训斥，使幼儿失去练习的机会。同时要把劳动教育的内容定期向家长公布，以便取得配合，家园一致共同教育。

参考文献

［1］曹能秀，王凌．论民族文化传承与教育的关系[J]．云南民族大学学报（哲学社会科学版），2009（5）：137-141．

［2］曹泽林．国家文化安全论[M]．北京：军事科学出版社，2006．

［3］董旭花，等．小区域　大学问：幼儿园区域环境创设与活动指导[M]．北京：中国轻工业出版社，2013．

［4］顾红亮．杜威"教育即生活"观念的中国化诠释[J]．教育研究，2019（4）：22-27．

［5］贾馥茗．教育的本质：什么是真正的教育[M]．北京：北京联合出版公司，2006．

［6］教育部基础教育司．《幼儿园教育指导纲要（试行）》解读[M]．南京：江苏凤凰教育出版社，2017．

［7］刘小红．中国百年幼儿园课程的价值审思：基于课程文本的分析[M]．重庆：西南师范大学出版社，2015．

［8］裴光华．醒目仔 识广府事[M]．广州：广东教育出版社，2017．

［9］漆新贵．陶行知生活教育理念的现代价值[J]．西南民族大学学报（哲学社会科学版），2003（9）：120-122．

［10］秦元东，等．如何有效实施幼儿园主题性区域活动[M]．北京：中国轻工业出版社，2013．

［11］司马云杰．文化价值论：关于文化建构价值意识的学说[M]．西安：陕西人民出版社，2003．

［12］王春燕，王秀萍，秦元东．幼儿园课程论[M]．北京：新时代出版社，2005．

［13］王春燕．浙江民间文化与幼儿园课程资源开发的研究[M]．杭州：浙江大学出版社，2011．

［14］王光东，等．20世纪中国文化与民间文化[M]．上海：复旦大学出版社，2007．

［15］王金云．论建构主义的师生角色观[J]．河南师范大学学报（哲学社会科学版），2004（1）：185-186．

［16］王娟．民俗学概论[M]．北京：北京大学出版社，2011．

［17］吴玲．陈鹤琴幼儿劳动教育思想探要[J]．安徽师范大学学报（人文社

会科学版），1998（1）：130-134.

　　［18］徐金鑫，时松.陈鹤琴"活教育"思想特点及其现代价值[J].陕西学前师范学院学报，2016（8）：40-42.

　　［19］虞永平，等.学前课程的多视角透视[M].南京：江苏教育出版社，2006.

　　［20］张新华.幼儿园区域活动的创设与指导[J].南昌教育学院学报，2014（6）：116-118.

　　［21］周德锋，秦莉，韦世祯.学前教育课程理论与实践研究[M].北京：北京中国书籍出版社，2017.

　　［22］周国平.爱与孤独[M].桂林：广西师范大学出版社，2001.

　　［23］诸芬芳.幼儿园劳动教育的意义及实施策略[J].新教育杂志，2014（8）：59.